MBA×
TECHNOVATE

武器として
の
ビジネススクールで
教えている
ITスキル

グロービス経営大学院・著

東洋経済新報社

目次 ビジネススクールで教えている　武器としてのITスキル

PROLOGUE

ITスキルは
最強の戦闘力になる

IT＋MBAの知識が必要な時代 ································ 12

21世紀に価値を生み出しているのはIT企業 ··········· 13

さらにSF的世界がやってくる!? ·························· 16

情報化時代の大変化 ······································· 17

こんな時代をサバイブするためには何が必要となるのか? ····· 19

本書の構成 ·· 20

CHAPTER 1

コンピュータ＋データの
基本スキル

→ SKILL01

コンピュータを用いた問題解決の方法

コンピュータを利用した新しい問題解決の考え方
──テクノベート・シンキング── ······················ 25

コンピュータはどのように動いているのか ·············· 29

アルゴリズムって何?　プログラミングって何? ········· 30

よいアルゴリズムはもっとも「計算量」が少ない ⋯⋯⋯⋯⋯ 33

サーバー保有数は問題ではない ⋯⋯⋯⋯⋯⋯⋯⋯ 38

SKILL02

簡単なプログラムを書く

プログラミング言語とは何か ⋯⋯⋯⋯⋯⋯⋯⋯⋯ 41

プログラムは100%完璧に指示しないと
期待通りには動かない ⋯⋯⋯⋯⋯⋯⋯⋯⋯⋯⋯ 43

「文法」が正しくても動かないことも ⋯⋯⋯⋯⋯⋯ 44

プログラミングの基礎知識 ⋯⋯⋯⋯⋯⋯⋯⋯⋯⋯ 45

実際にプログラミングをしてみよう ⋯⋯⋯⋯⋯⋯ 49

プログラムは「オープン」が当たり前 ⋯⋯⋯⋯⋯⋯ 50

SKILL03

データを効率的に扱う

コンピュータのデータの扱い方を知る ⋯⋯⋯⋯⋯ 53

データの基礎である表形式を知る ⋯⋯⋯⋯⋯⋯⋯ 53

コンピュータと人間が扱うデータの違いを知る ⋯⋯⋯ 54

コンピュータが処理しやすいデータの構造を知る ⋯⋯ 56

データ構造がわかると新しいビジネスを考えられる ⋯⋯ 61

SKILL04

段取り力を高める（プロジェクトマネジメント）

何の問題もなく終了するITプロジェクトはまずない ⋯⋯⋯ 63

目次

なぜ想定通りにプロジェクトは進まないのか 64

最初によいアルゴリズムを考えておく 66

事業企画者自身がアルゴリズムを考えられる会社は強い 68

これからの日本におけるITプロジェクトのあり方 69

日本に不足しているのはディベロッパー人材 71

→ SKILL05

最強の学問、統計学の基本を知る

統計学のリテラシーが優位性につながる 73

基本となる2つのアプローチ 74

数字に集約する 74

標準偏差の大事な特徴 77

数式に集約する 78

回帰分析で予測する 80

説明変数が複数の場合もある 84

→ SKILL06

ビッグデータの基本を知る

ビッグデータとスモールデータは何が違う? 87

データ量が「ビッグ」だと何がいいのか? 89

ビッグデータを活かす機械学習 91

機械学習は説明ができない? 93

ビッグデータと人間の役割 94

新しいテクノロジーの基本を知る

主要な技術の動向を知る ……………………………………… 97
AI(人工知能) ……………………………………………………… 97
AIの今後 …………………………………………………………… 101
IoT(Internet of Things：モノのインターネット) ………… 102
ロボティクス ……………………………………………………… 104
VR(仮想現実)・AR(拡張現実)・MR(複合現実) ………… 106
新技術との付き合い方 ………………………………………… 108
新スキルの勉強法① …………………………………………… 110

CHAPTER 2 戦略・マーケティングの基本スキル

業務の生産性をあげる

テクノベート時代の生産性向上 ……………………………… 115
仕事内容を細かく切り分け、コンピュータとの間で分担する
……………………………………………………………………… 115
それまで「当たり前」と思っていた判断を疑ってみる …… 118
新しいデータを集めて「公開」してみる …………………… 120

目次

→ SKILL09

ネットワークの経済性を理解する

ネットワークの経済性のインパクト ⋯⋯⋯⋯⋯⋯⋯⋯⋯⋯⋯⋯⋯⋯ 125

なぜ「プラットフォーム型ビジネスモデル」なのか ⋯⋯⋯ 127

レイヤー（化）とは何か ⋯⋯⋯⋯⋯⋯⋯⋯⋯⋯⋯⋯⋯⋯⋯⋯ 130

レイヤー化がもたらしたもの ⋯⋯⋯⋯⋯⋯⋯⋯⋯⋯⋯⋯⋯⋯ 133

→ SKILL10

プラットフォーム型ビジネスを作る

プラットフォーム型ビジネス構築の4つのステップ ⋯⋯⋯ 137

（1）できるだけニッチな顧客層を狙え ⋯⋯⋯⋯⋯⋯⋯⋯⋯⋯ 137

（2）顧客に「最高の体験」を提供せよ ⋯⋯⋯⋯⋯⋯⋯⋯⋯⋯ 139

（3）ユーザー同士が「価値を伝え合う」仕組みを作れ ⋯⋯ 140

（4）資産を生かして隣接エリアに事業を拡大する ⋯⋯⋯⋯ 143

→ SKILL11

テクノロジーが与える影響を予測する

消費者はデジタルのテクノロジーによって
どう変化するのか？ ⋯⋯⋯⋯⋯⋯⋯⋯⋯⋯⋯⋯⋯⋯⋯⋯⋯⋯ 147

デジタル技術は消費者の感じる「偶然」「幸運」まで演出する
⋯⋯⋯⋯⋯⋯⋯⋯⋯⋯⋯⋯⋯⋯⋯⋯⋯⋯⋯⋯⋯⋯⋯⋯⋯⋯⋯ 149

あらゆる企業の提供する価値は分解され、再定義される ⋯⋯ 151

デジタル・トランスフォーメーションを
実現・加速する4つのコンセプト ⋯⋯⋯⋯⋯⋯⋯⋯⋯⋯⋯⋯ 153

SKILL12

ITのマーケティングへの影響を理解する

マーケティングには根拠が必要 ……………………………… 159
データ・ドリブン・マーケティングの時代へ ……………… 160
ワン・トゥ・ワン・マーケティングの次元があがる ……… 162

 SKILL13

身近なところからマーケティングに使う

カスタマー・ジャーニーを活用する ……………………… 171
カスタマー・ジャーニー・マップを作る ………………… 172
カスタマー・ジャーニー・マップを肉づけ・運用していく … 175
身近なツールを活用する ………………………………… 176
1人やほんの一部では始めない …………………………… 178
新スキルの勉強法② ……………………………………… 180

CHAPTER 3 リーダーシップ・組織の基本スキル

→ SKILL14

ビジョンを理解し、課題を設定する

マネジャーやリーダーの仕事の変化 ……………………… 185

目次

人間に残される仕事 ……………………………………………… 185

変わる問題解決の方法 ……………………………………………… 187

人間の付加価値は課題設定にこそあり ………………………… 189

データの与え方や枠組みの設定にも人間の力は必要 ………… 192

クリエイティビティは人間だけの特権か？ ……………………… 193

必要となるスキル ………………………………………………… 194

SKILL15

新しい変化を作り出す

人々を巻き込み変化を起こすために必要な力とは …………… 197

「新しいこと」が価値を持つ …………………………………… 197

自ら変化を作り出すリーダーに ………………………………… 199

クリエイティブな発想とトライ・アンド・エラーを楽しむ
マインドセットを身につけよう ………………………………… 202

変えることを楽しもう …………………………………………… 203

SKILL16

よきフォロワーとなり、人やデータに学ぶ

鍵となるフォロワーシップ ……………………………………… 205

「HiPPO」よりもデータや現場の声が意味を持つ ……………… 205

現場の意見や若い世代の知識が価値になる …………………… 207

状況判断とコミュニケーション力が
フォロワーにも求められる ……………………………………… 207

現場で実験を繰り返す姿勢も大切 ……………………………… 208

上下左右にオープンで……209

 SKILL17

社外の人とコラボレーションする

ビジネスは企業内だけでなく
企業のネットワークの中で起こる……213
関わる人すべてがパートナーだと想定せよ……214
社内の業務も多様な関わりの人々が担う……215
さまざまな人をチームとしてまとめる……216
自分や周りの行動パターンを変える覚悟を持つ……218

 SKILL18

信頼を積み重ねる

「デジタルネイティブ」時代の特徴……221
特に信頼性が重視される……222
つねに相手を1人の人間だと考え、つながりを保とう……223
デジタル情報は蓄積され、誰にでもみえてしまう……224
どのような自分を発信するか、自分で判断する……226

 SKILL19

グロースマインドセット

変わり続ける覚悟を持とう……229
グロースマインドセットを持つ……230
新たなスキルに投資せよ……231

目次

バイタリティを持って生きる ……………………………………… 232

対話を通して理解を深める ………………………………………… 234

変わるのも、変えるのも自分自身……………………………………… 235

新スキルの勉強法③ ………………………………………………… 236

おわりに

キーワード一覧

PROLOGUE

ITスキルは最強の戦闘力になる

IT＋MBAの知識が必要な時代

本書はタイトルに「ITスキル」とありますが、エクセルの使い方や小手先のテクニックを紹介する本ではありません。プログラミングや統計学などを、仕事上でバリバリと使いこなす必要はないまでも、それらの考え方や枠組みを素養として身につけることで、ビジネスや仕事でITを有効に活用し、新しい価値を生み出したり生産性を劇的に向上させることができるようになる——いわばビジネスで勝ち残るためのITやテクノロジーのセンスを磨く本です。

これらの大前提を知っているかいないかでビジネスの結果はこれから大きく変わっていくでしょう。いわばビジネスの基礎力を底上げする大事なスキルなのです。

最近、AIやSMACS（Social、Mobile、Analytics、Cloud、Sensor/Securityの頭文字）など、ITやテクノロジーのキーワードをさかんに耳にするようになりました。小学校でもプログラミング教育が義務化され、ビジネスとIT、テクノロジーは切っても切り離せない関係になってきています。

もはや「自分は文系だから」という言い訳は通用しません。

技術進化のスピードがこれほど企業活動に影響を与える時代はかつてなかったのではないでしょうか。90年代以降のインターネットの進化などはビジネスに大きな変化を与えましたが、それでも経営学のフレームワークやコンセプトをある程度バージョンアップすることで説明することは可能でした。

しかし、2010年代に入ってからのテクノロジーの進化が相乗的にもたらした影響は知識の「バージョンアップ」では追いつかなくなってきています。

MBAの知識・スキルは重要ですが、テクノロジーの知識・スキルとうまく合わせていかないと、勝てなくなってきているのです。つまり、新時代のMBAのスキルが求められているのです。

本書は、**テクノロジー時代のMBA（テクノベート教育。テクノベートはテクノロジー＋イノベートを指す）**にいち早く舵を切ってきたグロービスが、前提知識ゼロからITをビジネスに活かすセンスや素養を身につけていただけるようにまとめたものです。

21世紀に価値を生み出しているのはIT企業

ここで、ITやテクノロジーがいかに価値を生み出しているかを知っていただくために、世界の時価総額上位企業トップ5をご紹介します。

1位　アップル　8,689

2位　アルファベット（グーグル）　7,295

3位　マイクロソフト　6,599

4位　アマゾン・ドット・コム　5,635

5位　フェイスブック　5,128

（単位は億ドル、2017年12月末時点）

上位企業はアメリカのIT企業の独壇場となっており、テクノロジー進化の波に乗ってあっという間に巨大企業に成長する

というダイナミズムは、今後も加速するでしょう（ちなみに、5位の座をフェイスブックと僅差で争っているのは、中国のIT企業テンセントです）。

続いて非上場で時価総額10億ドルを超えるユニコーン企業、トップ5をみてみます。そのほとんどがリーマンショックのあった2008年以降の創業で、20世紀創業の会社は1社もありません。

1位　ウーバー（米）　510　ライドシェア　2009年創業
2位　シャオミ（中）　460　スマートフォン製造他　2010年創業
3位　エアビーアンドビー（米）　255　民泊　2008年創業
4位　パランティア・テクノロジーズ（米）　200　ビッグデータ解析　2004年創業
5位　チャイナ・インターネット・プラス・ホールディング（中）　180　インターネットサービス　2015年合弁により発足

（単位は億ドル、2016年5月時点）

2013年に創業したメルカリは企業価値10億ドルを超えるとされており、日本からもユニコーン企業は登場しています。

21世紀に価値を生み出しているのは、まさにIT企業なのです。

ITの進化はビジネスチャンスを生み出すと同時に、既存の事業を一変させ、業界そのものを破壊する可能性をも持ちます。

たとえば、マイクロソフト創業者のビル・ゲイツの有名な言葉に「銀行業務は必要だが、（現在の形の）銀行は必要ではな

い（Banking is necessary, banks are not.）」というものがあります。

　銀行は、預金や貸出、送金や決済などを当たり前に行っています。しかし考えてみれば、送金をするのに銀行を通す必要性はありません。安全性が担保されるのであれば、ネットで安い手数料の送金サービスや決済サービスを利用したいという方は多いでしょう。高い為替手数料が絡めばなおさらです。

　こうしたところに目をつけたのが、フィンテック（FinTech）と呼ばれる金融の新事業です。

　たとえば海外では、ウェブ上のビッグデータの解析から審査を行うベンチャー企業が登場しています。日本でも、これまではファイナンシャルプランナーが行っていた投資アドバイスを顧客ニーズに応じてコンピュータでやるというベンチャーが登場しています。ブロックチェーンを使った仮想通貨（暗号通貨）による商取引も拡大の傾向をみせています。

　日本は先進国としてはめずらしい現金重視のお国柄ですが、その分、技術進化が影響を与える伸びしろは大きく、金融機関は10年後にはその役割を大きく変えていることでしょう。

　この流れは金融業界だけにとどまらず、個々の企業の価値の生み出し方、さらには業界構造そのものが変わってしまう可能性もあります。

　その結果、あなたの会社が10年後には存在していない可能性も十分にありえるのです。

　働き方も大きく変化しています。クラウドの進化、低価格化にともない、会社のサーバーに会社の外からアクセスすることが容易になりました。在宅勤務が可能なら、満員電車に乗って

通勤することは最小限にとどめられます。

　人の移動やフェイス・トゥ・フェイスのコミュニケーションは大事ではありますが、その比重は下がってきています。

　技術が便利かつ安価になるにつれ、フリーランスで働く人も増え、そうした人々との協業が大きな課題となるでしょう。1社だけではノウハウ的にも投資金額的にも十分なイノベーションが起こせず、複数の会社で協業する必要があるケースも増えてきました。

　既存の組織の垣根をどのようにITを活用して乗り越え、結果につなげるかも大きな論点となっていくのです。

さらにSF的世界がやってくる!?

　2017年、著名な未来学者レイ・カーツワイルは新しい未来予測を発表しました。

　そこで挙げられている「人間が脳にチップを入れることでさまざまな情報を効果的に活用できるようになる」ということが実現すれば、記憶詰め込み型の教育はほとんど必要なくなるかもしれません。

　また、仮想現実（VR）や拡張現実（AR）の技術が進み、「死者がアバターとして蘇る」ということが実現すれば、可愛がっていたペットが亡くなったとしても、そこにいるように感じられたり、触れた感覚も味わえます。

　カーツワイルの予言以外にも、SF的予測はあふれています。「冷蔵庫の中の常備品が切れそうになったらお知らせのメールがきて、購入ボタンを押すとドローンがそれを運んでくる」という時代を予測する向きもあります。「SFは未来に関する思考実験である」といわれます。その未来が本当にやってくる時代

なのです。

情報化時代の大変化

これらの想像もしない劇的な変化がもたらされることで起こる、ビジネスにおける重要な変化を以下3つにまとめてみます。

変化①モノ以上に「情報」

まず、経営における情報の地位があがります。情報には「保存・複製・伝達」の追加的コスト（マージナルなコスト）がほぼゼロ、モノとは異なり同時に多数の人間が利用可能、流れのコントロールが難しいなど、さまざまな特性があります。

これまでのビジネスは、ある程度「モノ」の存在を前提に営まれてきました。そうした産業もなくなるわけではありませんが、ますます情報や、それと絡んだ「体験」あるいは「経験」に人々が価値を見出すようになることが予想されており、その比重は抜本的に変わっていくのです。

情報というものに対する深い洞察と、それを土台とした活用が必須になるのです。

変化②ネットワークの経済性＆プラットフォームの重要性

モノの存在が第一だった世界から、情報に価値がシフトしていくことにより「ネットワークの経済性」の重要度が増してきます。ネットワークの経済性とは、そのネットワークへの参加者が増えるにしたがって参加者の便益が増すという効果です。

モノの世界では、規模の経済や、習熟効果がもっとも注目すべき事業経済性でした。これらの経済性は、情報の世界でももちろん効いてはきます。実際、最初に情報のプラットフォーム

17

を構築するための投資的固定費は莫大なものですから、ある程度の規模はないと戦えませんが、相対的にその重要度が下がるということです。

　情報はプラットフォーム上でやり取りされ、そこで取引やコミュニケーションが起こります。つまり、プラットフォームを握ることは、情報を握ることでもあり、商取引の中心になることでもあります。

　プラットフォーム企業としては、アップル、グーグル、アマゾン、フェイスブックが4強に数えられています。たとえばアップルはApp Storeという強力なプラットフォーム（その下のレイヤーにはiOSというOSがある）を構築することで、そこでの取引の30％の「てら銭」を取っています。それが同社を時価総額世界1位に押しあげた要因でもあったのです。

　ITビジネスではとくに、巨大なプラットフォーム企業となることが戦略の眼目となります（CHAPTER2スキル09で詳述）。

変化③常識外れの進化スピードが破壊的創造をもたらす

　いまや1台のスマホの計算能力が、1960年代後半、アポロ11号を月に飛ばした時代の全コンピュータの計算能力の合計を上回るようになっています。

　ITの進化やコスト低減は飛びぬけています。他の技術領域でもイノベーションは起きていますが、たとえば自動車のスピードが2年ごとに倍になり、価格は半分になるということはありえません。

　こうした常識外れの進化が、情報の特性と相まって劇的な変化を誘発しているのです。これだけでもメガトン級の破壊力で

す。

　法人顧客や消費者の満たされない欲求はどんどん埋められて
いくはずですし、人間の思考パターンや、欲求の持ち方そのもの
のも変わってしまうかもしれません。

　さらには、リーダーシップや組織マネジメントといった領域
の変化も誘発します。

　そうした時代に、今までのマネジメントを踏襲しても必ずし
も効果的ではありません。新しい時代の人の動かし方を模索す
る必要性も必然的に生じるのです。

こんな時代をサバイブするためには何が必要となるのか？

　これらの変化を踏まえて、まずは勘どころをしっかり押さえ
ることが大切です。

　最先端の技術（AIなど）については、その原理まで知る必
要はないことが多いものです。むしろ、**どのような影響があり、
活用分野があるかということに意識を向けることがビジネス
パーソンには有効**なのです。

　また、情報通の知人やネットなどで的を射た発言をしている
人間を自分の中で見きわめ、定点観測しておくといいでしょう。
未来予測は統一的な見解はないことが多いですが、複数の意見
を知っておくと、物事を構造的、立体的に把握できるようにな
ります。

　そして、変化の速い時代において、過去のスキルがどこまで
使えるかを客観視してみましょう。陳腐化したスキルより、新
しく必要なスキルに時間を投じる勇気が必要です。

19

本書の構成

　本書では、新しい技術が大きな変動をもたらす時代を乗り切るために必要最低限の知識・スキルを紹介し、その効果的な学び方についてもヒントを提供します。

　CHAPTER1は、コンピュータやデータ、アルゴリズムに関する基本知識とスキルを紹介します。

　コンピュータがどのように作動しているのか、データがどのように処理されているのか、アルゴリズムがどれだけの重要性を持っているのかという原理をある程度は知らないと有効活用もできませんし、専門家にいいくるめられてしまいます。

　技術進化はあってもベースの概念はあるので、そこを押さえることが必要不可欠です。

　CHAPTER2はビジネスへの応用に関する基本知識とスキルです。技術の進化に合わせ、生産性の高め方や、戦略、マーケティングのあり方などは大きく変わるでしょう。

　ビジネスチャンスが増える一方で、優勝劣敗はより明確になります。競争優位は持続しない、国内だけではビジネスは成り立たない、といった状況もより多発するはずです。

　そうした中で身につけておきたい知識、スキルを最新の動向を交えながら解説します。

　CHAPTER3は、人や組織の動かし方に関する基本知識とスキルです。

　中間管理職は消えるという予測もあります。金銭やモノの所有は人々のインセンティブにならないという予測もあり、あるべきリーダー像やリーダーシップ行動も大きく変化してきます。

現代はある意味、パラダイム（物事の見方）が変わる過渡期ともいえます。

だからこそ、ベースとなるメンタリティを変え、早い段階にスキルを身につけることができれば、新しい流れの中でよいポジションを取れる可能性が増していくのです。

CHAPTER

1

コンピュータ＋データの基本スキル

コンピュータを用いた問題解決の方法

CHAPTER1

 SKILL

01

ここでの学び

- **テクノベート・シンキング**：コンピュータを活用した問題解決の方法
- **アルゴリズム**：コンピュータを利用して課題解決するための処理手順
- **よいアルゴリズム**：計算量がもっとも少なく、結果として短い時間で計算できるアルゴリズム

POINT

ビジネスパーソンもある程度はコンピュータのメカニズムを知っておく必要がある。個々のプログラミング言語よりも思考プロセスである「アルゴリズム」を理解することが大切だ。

コンピュータを利用した新しい問題解決の考え方
―テクノベート・シンキング―

　近年ではアルゴリズムを効果的に利用してグローバルで成功している企業が増えています。その代表例がグーグルやフェイスブック、アマゾンです。

　グーグルは検索サービスを提供しているグローバル企業ですが、その世界シェアは約90％と圧倒的です。グーグルがこれほどまでに世界シェアを高めることができた主要因は、その「正確性」と「レスポンスの速さ」です。

　アルゴリズムが非常に優秀なため、ユーザーが入力するあいまいなキーワードに対して、もっとも欲していると思われるサイトを他のどのサービスよりも正確に早く提供できるのです。

　フェイスブックでは、ユーザーの過去の閲覧履歴、「いいね」を押すなどの行動、つながっている友人の情報から、そのユーザーがもっともみる可能性が高いであろう情報から順番に表示しています。他にもさまざまなSNSがサービスを提供していますが、フェイスブックがもっとも優秀なアルゴリズムを保有していたことが、圧倒的なユーザー数を集めた大きな要因なのです。

　アマゾンでは、ユーザーがある商品を閲覧したりカートに入れたりすると、「この商品を買った人はこんな商品も買っています」という欄にいくつか他商品が並びます。

　このレコメンドサービスが他のECサイトより圧倒的に優れているため、ユーザーがどんどんアマゾンで書籍や家電を買うようになったのです。

大量のデータと多種多様な関係者に囲まれた世界においては、コンピュータによって最適なアルゴリズムで瞬時に分析し、適切かつ多大な打ち手を打っていかないと競争に勝てなくなってきています。

　コンピュータが得意なところはコンピュータが行い、人間が得意なところは人間が行うという新しい役割分担をした問題解決が求められるようになってきたのです。

　コンピュータは大量のデータを高速に計算することは得意ですが、解決したい問題自体を設定したり、どの順番でどの計算を行えばよいのかを自力で導き出すことはできません。それゆえ、人間が問題を設定しアルゴリズムを考え、コンピュータにそれを命令するところまでを担えばよいのです。

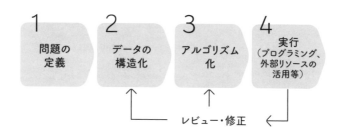

　このようにコンピュータと人間が役割分担をしながら問題解決するという新しい考え方「テクノベート・シンキング」(Technovate Thinking) には4つのステップがあります。

1. 問題の定義
　そもそも何の問題を解くのか考えるのは100%人間の役割です。物事の全体像を把握し、現状とあるべき姿のギャップを認識し、解くべき問題を定義します。

2. データの構造化

物事の全体をとらえると、関係する人、製品／サービスなどが多種多様に存在します。それをすべてデータ化しなければコンピュータは扱うことができません。それをどのようにデータとして表現するかは人間が決めていきます。

たとえば、人であれば、名簿のような表形式にするのか、組織図のような階層構造にするのかなど、データの構造化には多様な方法があります。詳細はスキル03で後述します。

3. アルゴリズム化

本節で述べてきたように、定義された問題を解くためには、どのような順番でどのような計算を行うのかは人間が考えます。詳しくは後述しますがアルゴリズムの違いで計算量（≒計算時間）に圧倒的な時間差が生じますので、もっとも効率的と思われるアルゴリズムを検討することが大切です。

4. 実行（プログラミング、外部リソースの活用等）

検討したアルゴリズムをコンピュータに命令するために、プログラミングを行います。この作業も人間しかできませんが、多くの場合は複数人で分担しないとできない規模になりますので、チームを組んでプログラミング作業を行います。

また、どのプログラム言語を用いるかも検討します。プログラム言語ごとに得意不得意がありますので、問題の定義、データの種類、検討したアルゴリズムを考慮して最適なプログラム言語を選定します。

レビュー・修正

　プログラムを作っていざ問題解決を実行すると、うまく挙動しない、または想定より遅いということが多々生じます。そこで何が悪かったのか、どう改善できるのかを検討してデータの構造化、アルゴリズム、プログラム言語の見直しを適宜行います。

　本章ではこれ以降、「テクノベート・シンキングによる問題解決のプロセス」の中でも重要になるアルゴリズムやプログラム、データについてさらに掘り下げていきます。

　その前に、知っておいてほしい基本的な事柄として、コンピュータはどのように動いているのか、そしてもっとも重要な概念である「アルゴリズム」とは何かについて触れます。

　これを知らないと、たとえばITベンダーにシステム構築を依頼する際にもスピードや生産性を大きく削いでしまったり、場合によっては望むシステムが構築できず、企業の競争力を削いでしまいかねないからです（スキル04で後述）。

　マーク・ザッカーバーグ（フェイスブック）、イーロン・マスク（テスラ他）、ジェフ・ベゾス（アマゾン）、ラリー・ペイジ（グーグル）、山田進太郎（メルカリ）、佐野陽光（クックパッド）、秋好陽介（ランサーズ）といった近年のエンジニア出身の起業家にとってもこれは常識なのです。

　どれだけ面白いビジネスモデルを構想したところで、それをITのサイドから支えるアルゴリズムが貧弱だと、決して勝てない時代なのです。

こうしたことからも、ITの核となるアルゴリズムとその意義をしっかり押さえておくことが必須です。

コンピュータはどのように動いているのか

　コンピュータは大きく5つの要素で成り立っています。

入力装置：データを入力するキーボードやインターネット等
主記憶装置：入力されたデータを記憶しておくハードディスクやメモリ等
出力装置：データを表示するディスプレイ等
演算装置：主記憶にあるデータを計算する中枢装置
制御装置：次にどの計算をするか、どのデータを入力して出力するかを制御する装置（制御装置と演算装置をあわせてCPUという処理装置）

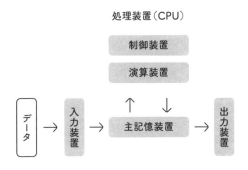

　コンピュータは主記憶装置からデータを読み出して、計算して、主記憶装置に結果を返すということを繰り返し行っています。この一連の流れを「処理」といいます。そして、どういう処理をどの順番で行うのかという「一連の処理」を命令という

形で制御装置が行います。この一連の処理を規定するのが「プログラム」です。

　厳密にはコンピュータが理解できるのは機械語という0と1から構成されている大量の文字列になりますが、これを人間がわかりやすくした言語がプログラムというわけです。

　コンピュータの仕組みについては、この程度を理解しておけば十分です。

　重要なのは、この一連の処理をプログラムという形で指定するのは人間の仕事であるということです。そして、その指定の仕方によってコンピュータの生産性（処理速度）や、できること（機能）は大幅に変わります。コンピュータは大量のデータを処理しますので、少しの生産性の違いが大きく最終結果に影響してきます。

アルゴリズムって何？　プログラミングって何？

　ところで、プログラムとは実際にはどのようなものなのでしょうか。たとえば、画面に「Hello, world」と表示するためのプログラムの例を図に示しました。

```
C言語

#include <stdio.h>

main()
{
    printf("Hello, world¥n");
}
```

```
Java

public class Hello{
  public static void main(String[] args){
    System.out.println("Hello, world");
  }
}
```

図では代表的な言語であるC言語とJavaを例としています。

この2つの言語以外にも、プログラムとして利用できる言語は非常に多くあり、主要なものだけでも200種類以上もあります。それぞれに特徴があり、人間がみてわかりやすい言語、人工知能に適した言語、処理速度が速い言語など、用途に応じて使い分けられています。

プログラム言語を覚えることは、人間が英語や日本語などの「言語」を覚える作業ときわめて似ています。文法、語彙、言い回しなどを一つ一つ丁寧に覚えていくことになります。

プログラマーは、こうした言語を覚え、多くの現場でそれらを利用しながら日々腕を磨いています。

ではビジネスパーソンはこのようなプログラム言語を覚える必要があるのでしょうか。結論からいえば、覚えるに越したことはないが、個々のプログラム言語よりもアルゴリズムをしっかり理解することを優先した方がいいでしょう。

アルゴリズムとは、「コンピュータを利用して与えられた課題を解決するための処理手順のこと」です。

一般的に、アルゴリズムはプログラム言語（C言語、Javaなど）に依存しません。将来、どのようなプログラム言語を利用することになっても、その考えは汎用的に利用できます。つまり、

・ アルゴリズムは「思考プロセス」
・ プログラムはアルゴリズムを表現するための「言語」

に相当するのです。言葉の話し方だけを学んでも思考は深まりませんし、アイデアも生まれません。一般のビジネスパーソン

であれば、アルゴリズムを理解することこそが重要なのです。

　ではアルゴリズムとは一体どのようなものなのか、ここでは名刺を並べ替えるという課題を例にとって説明しましょう。

　氏名がすべて異なる名刺を50枚用意し、好きな方法でそれが五十音順になるように並べ替えてみてください。実際に手を動かしてやってみると、早い人で7分、遅い人で15分くらいかかるはずです。

　この名刺をいかに早く並べ替えるかという「課題そのものの解法」がアルゴリズムに相当します。

　たとえば、あ行からわ行まで、まず10個の山に名刺を分けて、さらに各行の山を母音ごとに5グループに分ければ、50枚程度の名刺は簡単に五十音順に分類できるでしょう。

　ただ、コンピュータは皆さんほど気がききません。人間ならば視界にあるものを広く見渡すことができますが、コンピュータは主記憶装置に入っているデータを少しずつしか取り出すことができません。このケースであれば、コンピュータは、一つ一つ名刺をみて、比較することと入れ替えることしかできませ

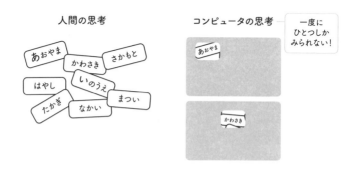

ん。

　さて、そのようなコンピュータに対して、皆さんはどのような命令を与えて名刺の並べ替えを行いますか？

　その解法がアルゴリズムです。

よいアルゴリズムはもっとも「計算量」が少ない

　名刺の並べ替えをするためのアルゴリズムは数多く存在しますが、もっとも代表的な例は「バブルソート」と呼ばれるアルゴリズムです。次ページの図では1〜5の番号がバラバラに並んでおり、それを小さい順に並べ替えるとします。

　まず右端から順番に2つを比較し、左の数が右の数よりも大きければ入れ替え、右の数が大きければそのままにします。

　たとえば、図では右端の2つの数字、2（左）と1（右）を比べると2（左）の方が大きくなります。従って入れ替えを実施します。次に、比較する数を左に1つずらして同様のことを行います。ここでも5（左）と1（右）を比べると5（左）の方が大きいので入れ替えを実施します。

　一番左まで比較し入れ替えが終わったら、一番左側はもっとも小さい数がきていることになります。

　図では1という数字が一番左にきています。そしてまた右から同じことを行います。すると、今度は2が左から2番目にくることになります。基本的にこれを繰り返します。まるで泡が浮きあがってくるかのような並べ替えの考え方なのでバブルソートと呼ばれます。

　別の並べ替えもご紹介しましょう。35ページの図のように

33

3	4	5	2	1
3	4	5	1	2
3	4	1	5	2
3	1	4	5	2
1	3	4	5	2
1	3	4	2	5
1	3	2	4	5
1	2	3	4	5

一番右の数字4を基準値とし、それより小さい数字を4の左に、大きい数字を4の右に置きます。

その際、置く順番はどこでも構いません。すると、4という数字は自動的に左から4番目になります。

次に、4より小さいグループ（2、1、3）と大きいグループ（7、8、5、6）に分けて、同じ作業を行います。たとえば小さいグループでは一番右の数字3を基準値として、3より小さい数字を左、大きい数字を右に置きます。

同じように4より大きいグループでは一番右の数字6を基準値として6より小さい数字を左、大きい数字を右に置きます。各グループの数字が1個になるまで同じことを繰り返し行うと、結果的に1〜8が順番通りに並びます。

この方法は「クイックソート」と呼ばれるアルゴリズムで、その名の通り並べ替えは非常に早いものになります。しかし人間には少しわかりづらく、かつ手間がかかるように感じる人もいるでしょう。

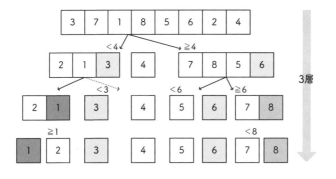

　アルゴリズムの世界では、そのよし悪しを判定するために「計算量」という概念を用います。データを1つ取り出して、比較したり入れ替えたりするという作業そのものを1計算とし、アルゴリズムによって計算量がどの程度異なるのかを測ります。

　さて、バブルソートはどの程度の計算量があるでしょうか。先ほどご紹介した名刺の例は50枚、数字は8つでしたが、並べ替えを行う対象物の数をn個と想定します。

　すると、まず右からn回の比較・入れ替えを行い(次ページの図のグレーの矢印)、さらにその作業をn回実施します(同じ図の黄色の矢印)。

　従って、n回の比較・入れ替えをn回実施しますので、最大n^2回の計算が発生します(正確には$n(n-1)/2$ですが、ここでは詳細な説明は割愛します。概ねn^2に近い数字になると考えてください)。

　クイックソートではn回の比較(横の矢印)は同じですが、縦の深さが$\log_2(n)$となります。$\log_2(n)$は数学の対数の考え方で、2を何乗すればnになるかということです。たとえば$\log_2(32)$は5、$\log_2(1,000)$はおよそ10になります。

35

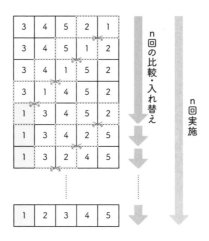

　ここでは、n個のものを2個ずつ分けていくので$\log_2(n)$となります。nが8であれば、$\log_2(8)=3$となり、図のように縦は3層構造になります。3回この作業を行えば並べ替えが完了するのです。計算量はn回の計算を$\log_2(n)$回実施することになりますので、$n \times \log_2(n)$になります。

　ここでn^2と$n \times \log_2(n)$はどの程度の計算量の違いになるかみてみましょう。横軸にnを取り、計算量がどの程度になるか

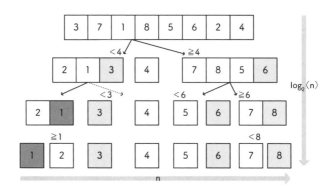

をグラフ化したのが下の図です。nが大きくなればなるほど計算量に圧倒的な影響が出ることは一目瞭然です。

具体的に計算してみましょう。1,000万人の名刺を並べる作

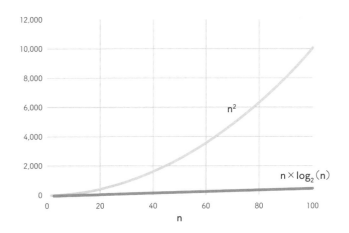

業をした場合、バブルソートでこれを行うと$10,000,000 \times 10,000,000 = 10^{14}$(100兆)回の計算が発生します。いくらコンピュータの性能がよくても100兆回の計算は非常に時間がかかります。

一方、クイックソートでは$10,000,000 \times \log_2(10,000,000) = 2.3 \times 10^8$(2.3億)となり、計算量が6桁も変わります。

仮にバブルソートの計算に丸一日（24時間＝86,400秒）かかったとすると、クイックソートでは0.2秒で終わります。同じ課題を解くのにアルゴリズムが違うだけでこれほどの計算時間の違いが生じるのです。

ここからもわかるように、もっともよいアルゴリズムとは「もっとも計算量が少ない」アルゴリズムのことをいいます。

プログラム言語をいくら使えるようになっても、このアルゴ

リズムを学ばない限り、効率的にコンピュータを使えるとはいえません。だからこそ、ビジネスパーソンもまずはアルゴリズムを学ぶべきなのです。

サーバー保有数は問題ではない

かつては大量のデータを処理できるサーバーを所有しているということが計算時間に反映される部分もありました。しかし、技術の大幅な進化により年々サーバーは低コスト化しており、安価で短期間だけ試しに借りることもできるクラウドサービスも存在しています。

ハード面については、ある程度投資をすれば大きな問題ではなくなりつつあります。それゆえ、結局はアルゴリズムの差による計算量が効いてくるのです。

CHAPTER

1 コンピュータ＋データ

2 戦略・マーケティング

3 リーダーシップ・組織

キーワード
テクノベート・シンキング、アルゴリズム、プログラム、計算量

簡単なプログラムを書く

CHAPTER1

→ SKILL

02

ここでの学び

∨

- **プログラミング**：意図した通りコンピュータを動かすためのプログラムを書くこと
- **プログラミング言語**：主要なものだけでも200種類以上ある。それぞれ特徴や得意・不得意があり、用途により使い分ける
- **プログラミングの基本概念**：変数、配列など、言語の種類によらず使われるいくつかのコンセプト
- **Case Coverage**：人間の多様な入力パターンに対してプログラム上抜け漏れなく対応できるようにすること

POINT

コンピュータは命令した作業以外のことはしてくれない。100%完璧な指示をすることが必要。まずは簡単なツールで実感してみよう。

プログラミング言語とは何か

スキル02では、人間がコンピュータに命令を与えるプログラミングについて説明します。

実際のビジネスシーンでは、エンジニアではない皆さんが自分で複雑なプログラミングができる必要はないかもしれません。しかし、ベースとなる考え方について理解をしておくことは、ビジネスの企画をする際や、エンジニア、プログラマーと誤解なく会話をするうえで大いに役に立つでしょう。

さて、スキル01で触れたように、コンピュータが理解し実行できる機械語は数字の羅列であり、人間にとってはわかりにくいものです。

人間によりわかりやすい言葉でプログラムを書く仕組みが、プログラミング言語です。人間がプログラミング言語で書いたプログラムを「ソースコード（source code）」といいます。

ソースコードはそのままではコンピュータが実行できないため、「コンパイラ」や「インタープリタ」という変換用のプログラムを使って機械語に変換します。

プログラムを作成する際は、ソースコードを作成する前に、まずはアルゴリズムを考えます。ある程度慣れたプログラマーが小さい処理を実現するのであれば頭の中だけでアルゴリズムを考え、プログラミング言語を記述することも可能です。

しかしある程度以上の規模の複雑なことをプログラムで実現したい場合はアルゴリズムを文字や図で表現してからプログラミングを行うことが必要になってきます。

アルゴリズムを表現する方法にはさまざまなものがあります

が、よく使われているツールにフローチャートがあります。

　プログラムは上から順番に処理を行っていくので、図のように処理の流れを上から下に向かって書いていきます。

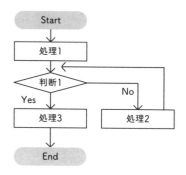

　プログラミング言語は、主要なものだけでも200種類以上あるといわれています。C言語、C++、Java、JavaScript、PHP、Python、Ruby等の名称を聞いたことがある方も多いでしょう。

　これらは英語や日本語と同じように文法がそれぞれに異なる「言語」です。そしてそれぞれに特徴や得意・不得意なことがあり、用途に応じて使い分けられます。

　多くのプログラムは文法が似ており、1つの言語に習熟すると他の言語の文法もある程度は推察することができます。熟練したプログラマーは言語によって多少得手不得手があっても複数のプログラム言語を扱うことができる人が多いものです。

　これから初めてプログラミング言語を勉強しようとしている方は、いずれか興味が持てるもの、取り組みやすそうなものを1つ決めて集中的に習得し、その後で他の言語にも挑戦してみるとよいでしょう。

プログラムは100%完璧に指示しないと期待通りには動かない

　プログラムを作成するにあたって理解しておくべき大事なことに、コンピュータはこちらが実現したいことを100%完璧に指示しないと期待通りには動かない、ということがあります。

　99%正しく指示をしていたとしても1%間違っていてはダメなのです。人間とは異なり、間違っている部分をコンピュータが気をきかせて補ってくれるということはありません。

　プログラミング言語の種類によらず、以下のポイントを押さえて期待通りに動く100%正しいプログラムを作成することが重要です。

①Definition：プログラムが動くにあたって初期設定を正しく
　定義すること（ウェブブラウザを起動するとあらかじめ登録
　しておいたホームページが表示されるなど）
②Correctness：計算の結果や処理の順番が正しいこと（電車
　の乗り換え案内サイトでは出発地と到着地、日時等の条件を
　入力して検索ボタンを押したら、出発地から到着地に至るま
　での経路候補が指定した順番に表示されるなど）
③Case Coverage：起こりうる状態の場合分けをすべて網羅し、
　抜け漏れがないようにすること（日本語で「東京」と入力し
　ても「とうきょう」と入力しても「トウキョウ」と入力して
　も受け入れて正しく処理がなされるなど）

　プログラムを作成する際、さらにはアルゴリズムを考える際に、これらの観点で「100%完璧な指示」を行うことが重要です。

「文法」が正しくても動かないことも

プログラムの誤りのことを「バグ（Bug）」といいます。

バグにはプログラミング言語の文法が誤っている場合だけではなく、文法としては正しいのになぜか期待通りの動きをしていないという場合もあります。

前者はソースコードを作成する際に使用するソフトウェアや機械語に変換するプログラムによって検知することができますが、後者はこの方法では検知することができません。プログラムの文法としては正しいからです。

このようなバグは実際にそのシステムを使う場面を想定してさまざまな質や量のデータ、使用する手順をシナリオとして準備し、テストを繰り返すことで検知します。

ただし、テストすべきシナリオパターンに漏れがあって、ある条件になるとシステムが止まってしまった、あるいは、想定以上の量のデータが一度に入力されたため計算結果が出るまで数秒の予定が数時間もかかってしまったなど、システムの本番稼働後にバグが判明し、対応に追われるというケースも少なくありません。

要件定義やテストシナリオパターンの洗い出しを通じて、経営者、ビジネス企画者やプログラマーを含めた関係者間で実現したいことを正確に網羅的に共有することがきわめて重要です。

プログラミングの基礎知識

　次に、プログラミング言語の種類にかかわらず、共通してよく使われる基本的な概念をいくつか紹介します。

　これらの概念を実際にどのように実現するかについては、プログラミング言語によって文法が異なりますので、それぞれの専門書を参照してください。

変数

　プログラムの動作の途中で一時的に値を記憶しておく入れ物です。変数には一度に1つの値しか記憶させることはできません。

　ある変数に何らかの値を保存することを「代入」といいます。ある変数に値を代入したら、それまでに記憶されていた値は破棄され置換されます。

　たとえば、変数A（変数の名前はプログラマーが指定することができます）に値「1」を代入する処理はフローチャート上で、

　A←1 または 1→A

　と記述します。なお、プログラミング言語の文法では

　A＝1

　と記述する場合が多いです。これは「Aと1が等しい」ことを意味するのではなく、「Aに1を代入する」という意味になります。

配列

　大量のデータを扱う場合に、一つ一つのデータにそれぞれ異

配列： X[0]　X[1]　X[2]　　　X[i-2]　X[i-1]　X[i]
データの中身の値： 9　5　8　……　1　3　10

なる変数を割り当てて処理するのは現実的ではありません。そのような時に、同一種類のデータを1つのグループにまとめて記録する仕組みである「配列」を活用すると便利です。配列のそれぞれの要素には番号がついています。この番号を添字といい「0」から始めるプログラミング言語が多いです。

プログラムの中で以下のような「配列X」を宣言した場合(配列の名前はプログラマーが指定できる)、「配列Xのi番目の要素」と表記すればその中身の値を操作することができます。上図では、たとえば「X[1]を表示する」と命令すれば「5」と表示されます。

反復（ループ）

人間は同じことをあまりにも長く繰り返し続けるとミスも発生しやすくなりますし、飽きてしまうものですが、コンピュータはミスなく正確に膨大な回数同じ処理を繰り返すことが得意です。

【反復を表現するC言語の構文例】
for（前処理A;条件B;後処理C）{処理D}

上記は
「反復する前に一度だけ処理Aを行い、
条件Bが成立しているか判断し、成立していたら処理Dを行ってから処理Cを行う。
また条件Bが成立しているか判断し、成立していたら処理Dを行ってから処理Cを行う。
条件Bが不成立なら反復は終了する」
という流れを表す

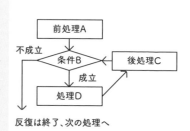

反復は終了、次の処理へ

ただし、反復を繰り返すほど処理の量、計算量が増えていくわけですから注意が必要です。無駄な反復は避け、適切な回数反復するように指示しなくてはなりません。

　たとえば、あるプログラムを作成し実行してみたらなかなか結果が返ってこない、数秒で結果が返ってくる見込みだったのに何時間もかかってしまったという場合、反復の指示が適切に行われているかを疑ってみるとよいでしょう。

条件分岐

「もし○○ならば××をする」というように、条件判断の結果によってその後の処理を分ける仕組みがよく使われます。プログラミング言語によって条件分岐を表現する構文がそれぞれに備わっています。

　先にCase Coverageの重要性について述べましたが、実際にそのシステムを使う場面、操作するユーザーの属性、入力されるデータの種類などを幅広く想定し、どのような条件でも期待した結果が出るように考えておくことがきわめて重要です。

　たとえば地名の欄に「横浜」や「ヨコハマ」「ﾖｺﾊﾏ」と入力されたら、「横浜市（神奈川県）」「横浜町（青森県）」を選択肢

【条件分岐構文の例】
if（条件式A）
処理X
else
処理Y

上記は「条件式Aが成立したら処理Xのみを実行し、成立しなかったら処理Yのみを実行する」
という流れを表す

として提示し、さらに選ばせるなどです。

関数

　プログラムはプログラミング言語で記述した順番に上から下に向けて実行されます。

　しかし、実現したい処理を上からすべて順番に書いていくと膨大なプログラムになってしまいますし、全体を見渡した時に構造がわかりづらく、記述ミスの可能性も高まります。

　そうした事態を避けるために、ほとんどのプログラミング言語には、あるまとまった処理を定義し必要に応じて呼び出すことができる「関数」という機能が備わっています。

　自分で作成しているプログラムの中で独自に関数を定義することもできますし、プログラム言語によってはライブラリの中にさまざまな関数があらかじめ装備されていて、いちいちプログラマーが書かなくても関数を指定して呼び出すだけでまとまった処理を行ってくれる、というものもあります。

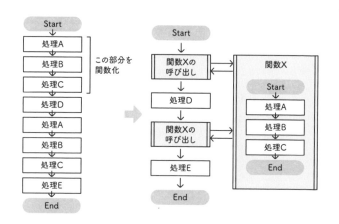

どのプログラミング言語を採用するか検討する際には、目的を実現するために有効な関数がライブラリの中にあらかじめ多く装備されているかどうかという観点も重要です。

実際にプログラミングをしてみよう

プログラミングについて理解を深めるためには、実際に自分でプログラミング言語を使ってプログラムを作成してみることが一番です。

最近では複雑なプログラミング言語の文法を知らなくてもプログラムを作成することができるツールがいくつも存在しています。

その代表例が、アメリカのマサチューセッツ工科大学（MIT）メディアラボで開発されたScratchというプログラミング環境（無償）です（https://scratch.mit.edu）。

あらかじめ用意されたブロックを組み合わせることで簡単にプログラムを作成することができるため、プログラミング未経験の大人はもちろん小学生でも気軽にプログラミングを始めることができます。

インターネットエクスプローラやChrome等のウェブブラウザからScratchのサイトにアクセスするだけで使用することができます。

画面の真ん中に出てくる色々なブロックを組み合わせて右側のスペースにプログラムを作成すると、左側のスペース上ですぐに動きを確認することができます。

意図した通りの結果が出なくてもすぐに直すことができますし、実際の動きをみてさらに工夫をしてみたりするうちに、自然とプログラミングを学ぶことができます。

49

また、作成したプログラムは世界中の人々に公開・共有することもできるので、他の人が作ったプログラムをみて勉強したり、参考にしてさらに自分で改良したりすることができるのもよいところです。

　簡単に使えるツールですが、かなり複雑なプログラムを作成することもできますので、試してみるとよいでしょう。

プログラムは「オープン」が当たり前

　プログラミングの世界では世界中でソースコードをシェアし、コピーして活用したり、共有されているソースコードを編集して改善を加えたり、といったことが日常的に広く行われています。インターネット上にはそうした情報を交換するウェブサイトも多数あります。

　2018年時点ではGitHubというウェブサイトが有名で、世界中のエンジニア、プログラマーにとってなくてはならない存在となっています。ソースコードをゼロからすべて自前で作成するというよりも、オープンになっているソースコードの中で参考になりそうなものをうまく活用して自分で工夫するという姿勢が当たり前なのです。

　一般に、知的財産といえば、他者に真似されないよう重要なことは秘匿したり、権利を確保する、他者のものをコピーして活用するなんて厳禁といった発想が一般的でしたが、ことプログラミングに関していえばまったく違います。むしろ知財をオープンにして皆で改良してよりよいものを作っていこうという文化が世界的に存在しているのです。

　プログラミング言語の文法は世界共通なので、日本語以外の

言語で書かれたウェブサイトも含めて広く世界中の知恵を活用しましょう。

CHAPTER

1

コンピュータ＋データ

2

戦略・マーケティング

3

リーダーシップ・組織

キーワード
プログラミング言語、ソースコード、フローチャート、バグ、Case Coverage、反復、条件分岐、関数

データを効率的に扱う

 SKILL

03

ここでの学び

- **データ**：コンピュータは人間とは異なる独自の認識をする
- **番地**：メモリやハードディスクでは、箱が1列に並んだ形状をしていて、1つの箱の中に1つのデータを記憶する
- **データ形式**：配列、リスト、ツリー、グラフが代表的で、それぞれ得手不得手がある

POINT

データの構造にはいくつかのものがあり、用途に応じて最適な構造は異なる。ビジネスパーソンがその重要性を理解し、考えることが新たなビジネス創出にもつながる。

CHAPTER

1 コンピュータ＋データ

2 戦略・マーケティング

3 組織 リーダーシップ・

コンピュータのデータの扱い方を知る

アルゴリズムとプログラムについてみてきましたが、それと合わせて重要なのが「データをどう扱うか」ということです。

そもそも私たち人間が考えるデータと、コンピュータが扱うデータは何が違うのか、そしてコンピュータが効率的に扱うことができるデータとは何かについて説明しましょう。

データの基礎である表形式を知る

皆さんがデータといわれてもっとも身近なものはマイクロソフト社の表計算ソフト「Microsoft Excel」でしょう。Excelでは、データを入力してさまざまな方法で集計させたり、数式を入力して計算させたり、グラフを表示することができます。

そのデータはすべて下図のように「表形式」で表現されます。縦に行番号が並び、横に列番号が並びます。各表の項目は「セル」と呼ばれます。この例では、B列の3行目は「10」という数字が入っていることがわかります。

フォントサイズボックス

フォントボックス

MS Pゴシック 11 B I U

B3 =

列番号

行番号

A B C D E

1
2
3 10
4
5
6 セル
7
8
9
10
11
12

アクティブセル

53

表に入力された結果から列・行ごとに合計等を計算することもできます。たとえば、次の図の2行目のデータを合計するためには、E列の2行目に数式を入力します。
「B列の2行目、C列の2行目、D列の2行目を足す」ためには、「＝B2+C2+D2」という数式を入れることで、行の合計が自動で計算され、表形式の計算を効率的に扱うことができます。

	A	B	C	D	E
1	名前	エクセル	ワード	アクセス	合計
2	古田	90	85	84	259
3	小田	75	65	68	208
4					
5					

　コンピュータや人間が扱うデータの基礎はこの「表形式」です。人間にもコンピュータにもわかりやすく効率的に扱うことができます。

コンピュータと人間が扱うデータの違いを知る

　そもそもコンピュータはデータをどのように扱うのでしょうか。コンピュータの中では、データはメモリやハードディスクに蓄積されます。そのメモリやハードディスクでは、図のように箱が1列に並んだ形状をしていて、1つの箱の中に1つのデータを記憶するようになっています。

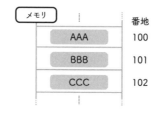

それぞれの箱には番地がついていて、たとえば101番地にはBBBというデータが入っています。では人間とコンピュータがデータを扱う際には何が異なるのでしょうか。

　人間は多くのデータを一覧で同時に眺めることができ、図をみて瞬時にAAA、BBB、CCCというデータが入っていることがわかります。しかしコンピュータは一度に1つのデータしかみることができません。

　先ほどの図に示されている3行のデータをコンピュータが理解するためには、100、101、102番地と1つずつアクセスし、それぞれの箱の中身を読まなくてはならないのです。人間からみると大変効率が悪いように感じますが、人間がみて理解できる範囲のデータ量はせいぜい100から200行です。

　しかしコンピュータは数億行のデータでも同じように扱うことができます。結局、大容量になればなるほど、人間よりコンピュータの方が効率的にデータを扱うことができるのです。

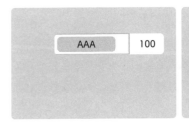

コンピュータが処理しやすいデータの構造を知る

　社員数500人の企業で「第2営業部　課長　山田太郎」さん
を探したいとします。

　入社順に並んでいる下記のようなデータの場合、山田太郎さ
んを探し出すためには435回もデータにアクセスする必要が
あります。

> 1.第2営業部　部長　渡辺恭子
> 2.人事部　課長　野村健一
> 3.商品企画部　課員　川上大輔
> 4.第1営業部　課員　村上勝
>
> 435.第2営業部　課長　山田太郎

　しかし次の図のようにデータが整理されていたら、①、②
の2回で部門を特定し、さらに番号1、2の2回で山田さんを
みつけるので、合計4回のアクセスで済みます。

　つまり、データをどう構造化するかによって検索スピードが
まったく異なってくるのです。これも計算量に大きな影響を与
えます。

　それゆえ、コンピュータが扱うことができるデータの構造に
はどのようなバリエーションがあるのか、またどのような場合
にどのようなデータの構造を選択するとよいかを理解しておく
ことは非常に重要になります。ここからはコンピュータが扱う
ことのできる代表的なデータ構造をご説明します。

① 第1営業部
1.部長　斎藤隆弘
2.課長　竹下直樹
3.課員　中谷弘子
4.課員　村上勝
　……………

③ 商品企画部
1.部長　佐藤直也
2.課長　田中恵
3.課員　濱田啓太
4.課員　川上大輔

② 第2営業部
1.部長　渡辺恭子
2.課長　山田太郎
3.課員　木村一樹
　……………

④ 人事部
1.部長　秋本一郎
2.課長　野村健一
3.課員　鈴木正志

配列

　配列とはデータを1列に並べて、番地が連続して割り振られている構造のものです。データへのアクセスは簡単に高速で行うことができますが、追加や削除をしようとすると番地を変更する必要が出てくるため、逆に遅くなるという特徴があります。

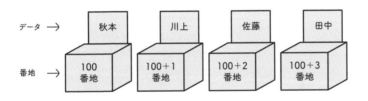

　先ほど取りあげた社員名簿のようなイメージです。

リスト

　リストは配列と同様にデータを1列に並べてはいますが、番地が連続していません。その代わりに各箱ごとに次の番号へのリンクが貼られていて、結果として1列に並べることができるようになっています。

配列とは異なり、リンクを変えるだけで済みますのでデータの追加・削除がしやすい反面、アクセスはリンクをたどる必要があるため時間がかかります。

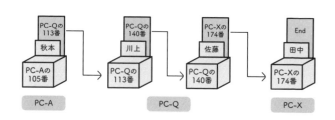

図で配列とリストのデータ追加・削除の違いをみてみましょう。配列でデータを1つ挿入するためには、まず1つ箱を増やし（100+4番地）、他のデータを1つずつずらして挿入位置を空け、最後に挿入したい位置に新しいデータを格納するということになります。

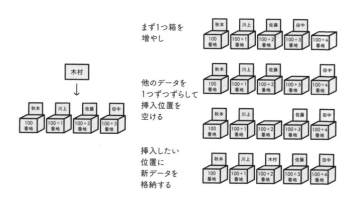

一方、リストでデータを1つ追加するためには、新しく追加

する箱に対して、前の箱からリンクを貼ってもらい、新しく追加した箱から次の箱へのリンクを貼るだけで済みます。

それゆえ、リストへの追加・削除は配列とくらべて非常に効率的にできるのです。

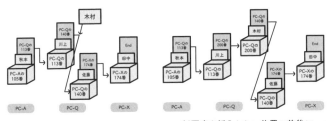

新要素を挿入したい位置の前後に
つなぎなおすだけ

ツリー

リストをさらに発展させて、1つの箱（親）から複数の箱（子）へのリンクを貼ることで、ツリー状のデータ構造にしたものです。データを階層構造で管理することができるため、多くの情報からデータを探し出すためには最適な構造です。

たとえば、下図から松本さんを探し出すためには、田中部長→渡辺課長→松本さんの3回でみつけることができます。

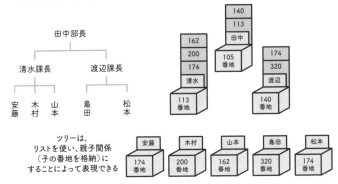

グラフ

　グラフというと円グラフや棒グラフをイメージする方が多いですが、コンピュータでいうグラフとは、箱と線が複雑につながっているデータ構造をいいます。ツリー構造の各箱が横にもつながっているイメージです。

　グラフは現実世界の多くのことを表現できます。たとえば、人間関係や路線図など、複雑に絡み合ったものを箱と線で表現していきます。

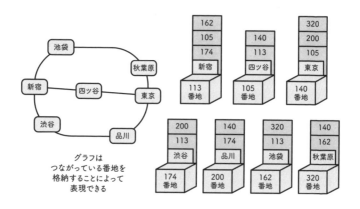

　各箱から別の箱に対する線を引くにはツリーと同様に番地へのリンクを貼ります。グラフは現実世界の多くのことを表現できるため大変便利なデータ構造ですが、山手線のようにループがあったり、他の路線のように行き止まりがあったりするため、データを検索するためのアクセスが多くなる傾向があります。

　以上、コンピュータが取り扱う主要なデータ構造をご紹介しましたが、改めてまとめると、それぞれ以下のような特徴があります。

- **配列**：番地が連続しているためアクセスは早いが追加・削除が遅い

  例 コンビニのPOSデータなど
- **リスト**：番地をリンクしているため追加・削除は早いがアクセスは遅い

  例 ホームページやブロックチェーンなど
- **ツリー**：親子で番地をリンクしているため検索は非常に早いが、複雑なデータ（親子関係を複数設定するなど）は困難

  例 組織図
- **グラフ**：複雑なデータを表現することはできるが、データ検索は遅い

  例 フェイスブックの友人関係

データ構造がわかると新しいビジネスを考えられる

ビジネスを検討する際には、目的に合わせてどのデータ構造を利用するかをしっかり検討することが必要です。

これは、追加・削除が多いか少ないか、データ量が多いか少ないか、データが複雑に絡み合うかどうかなどを複合的に勘案して決めますが、システムに詳しい人だけが考えるのではなく、ビジネスや業務に精通している人がデータ構造までを理解することが大事です。

なぜなら、一度作ってしまったシステムやデータ構造を変えることは非常に難しいからです。だからこそ、ビジネスの将来を考えられる人がデータ構造も検討する方が、長い時間軸で考えると実はもっとも効率的なのです。

キーワード
データ構造、表形式、配列、リスト、ツリー、グラフ

段取り力を高める（プロジェクトマネジメント）

CHAPTER1

 SKILL

04

ここでの学び

- **要件定義**：ITを使って実現したいことを定義すること
- **仕様**：要件をアルゴリズムに落とすこと
- **プロジェクトのトラブル**：原因の多くはビジネス企画側、ユーザー側の無理解、不勉強に起因することが多い

POINT

ビジネス企画側、ユーザー側がアルゴリズムやデータ構造を考えることができれば、ITプロジェクトの効率や最終的な生産性は劇的に向上する。

何の問題もなく終了するITプロジェクトはまずない

　ここまで、アルゴリズム、プログラミング、データ構造など、コンピュータサイエンスの基本的な知識・スキルをみてきました。

　しかし、実際のビジネス現場においてITを使って何か課題を解決したり、新しいビジネスを創造しようとする場合には、皆さん自身が一からプログラミングをするというよりも、社内のIT部門や社外のベンダーに協力してもらって進めることが多いでしょう。

　ここではそのようなITプロジェクトを実際に企画・運営していくにあたって、陥りがちなトラブルと、その原因や対策について説明します。

　ITプロジェクトにおいては、「いつまでたってもプロジェクトが終わらない」「できあがったものが当初想定していたものとまったく違う」といったトラブルが起こることは日常茶飯事です。

　むしろ、何の問題もなく終了するプロジェクトの方がめずらしいくらいです。では、なぜこのような事態に陥るのか。

　ITシステムの構築は、大きくは以下のような流れを経ます。

__ステップ１__：ITを使って実現したいこと、コンピュータに考えてもらいたいことを考える（要件定義を行う）
__ステップ２__：1をアルゴリズムに落とす（仕様に落とす）
__ステップ３__：プログラミングをする（実装する）
__ステップ４__：実際に想定通りに動くかどうかテストする
__ステップ５__：使い始める

「プロジェクトが終わらない」「想定通りのものができない」といったトラブルが発生した場合、多くの方は、ITベンダーやプログラマーの力量不足のためステップ2と3の実行に問題が発生すると考えるでしょう。

たとえば、プロジェクト初期に自分たちが依頼した要件や仕様をITベンダーやプログラマーたちが適切に解釈することができず工数やコストの見積もりが不正確だった、あるいは、見積もった内容を実行する能力がないため予定通りプロジェクトが進まないなどです。

しかし実際には、ビジネス企画者やユーザーが自分のやりたいことを要件として、定義したり、仕様に落とし、ITベンダーやプログラマーに正しく伝える技術が十分でないことが原因であることが圧倒的に多いのです。

つまり先のステップ1と2のプロセスを十分に実行できていないことが問題なのです。

なぜ想定通りにプロジェクトは進まないのか

「プロジェクトが終わらない」「想定通りのものができない」といった状態にも大きく分けて2種類あります。

原因 1：実際にはコンピュータが実現することは可能なのだが、企画者やユーザーの頭の中にあるものをうまくアルゴリズムに落としきれてない

原因 2：コンピュータにできることが何なのかわからずに要件や仕様に落とすため、期待や想像ばかりが膨らみ、実際にはかなわない夢物語を思い浮かべてしまう。実際にはどうアルゴリズムに落としたとしても、コンピュータには実現できない

原因1の場合は、たとえビジネス企画者やユーザーの知識・スキルが多少不足していたとしても、優秀なSEやプログラマーがサポートし、企画者やユーザーのやりたいことを丁寧にヒアリングして要件やアルゴリズムに落とすことができれば解決することも多いものです。もちろん、自分でアルゴリズム化までできる方がコストも抑えられますし、より自分が実現したいことに近づけるので好ましいのはいうまでもありません。

　原因2は深刻です。事実、「当初想定していたものと違うものになる」というトラブルの多くはコンピュータに過剰な期待を寄せてしまうことに起因しています。

　では、なぜ夢物語を思い浮かべてしまうのでしょうか。それは、**企画者やユーザーが本書でこれまで解説してきた知識やスキル、すなわちコンピュータが得意なこと苦手なことは何か、また、得意なことであったとしても実際に実行するにあたって留意すべきポイントは何かを理解していないからです。**

　たとえば、あなたがアパレル企業を経営していて、自社のECサイトを立ちあげたいとしましょう。システムの要件を考える際、ユーザーに自社製品を選んで購入してもらうという基本機能の他に、たとえばユーザーのSNSの閲覧履歴、グーグル等での検索履歴等の情報から好みや興味関心事、年齢性別を判断し、個々人にカスタマイズされたオススメ商品を表示させて売上アップにつなげたい、などと考えるのではないでしょうか。

　実際に、フェイスブックやアマゾンではユーザー個々人にカ

スタマイズされた画面が表示されています。自社サイトでも実現できると考えるのも無理はありません。

しかし、ここまでの話を読まれた方は、実際に自社でシステム開発を進めると、それがいかに難しいか想像がつくでしょう。

たとえば個々人ごとに違う画面を出し分けるには、ユーザーがログインしてから0.0何秒の間にそのユーザーの膨大なWeb閲覧履歴データをもとに計算し、どのような画面を表示すべきかを算出するという非常に膨大な作業を行う必要があります。

それを普通のプログラマーが処理しようとしても容易ではありません。通常は、計算に膨大な時間がかかり、その処理の間、ユーザーをパソコンやスマホの画面の前で待たせてしまうことになるのです。

今の時代、ログインした後に、次の画面が表示されるまでユーザーを5秒ですら待たせてしまったら、そのユーザーは二度とその画面にログインしようとは思わないでしょう。正しく計算できたとしても、それだけ時間がかかるようでは実用に堪えないということです。

最初によいアルゴリズムを考えておく

ではなぜフェイスブックやアマゾンには実現できて、皆さんには難しいのか。先述したように、それは保有するサーバー数の問題ではなくなりつつあります。

より重要なのは、**企画者やユーザー側に優れたアルゴリズムを考えられる優秀なエンジニアがいない**ということです。フェイスブックやアマゾンにいる優秀なエンジニアにかかれば、たったの0.0何秒で実現できることも、並のプログラマーでは

1時間以上はかかってしまうということです。

　つまり、プログラミングのタイミングではすでに遅いのです。最初の要件定義やアルゴリズムに落とす段階で、システム全体の整合性を持って最適なアルゴリズムをきちんと考えられていなければ、やりたいことも夢物語に終わってしまいます。

　面白い事例として証券会社の決済システムがあります。同じ金融機関でも、銀行であれば、処理の結果として1円の間違いも許されないですから、限りなく完璧に正確な処理が行われることが優先されます。

　しかし証券会社の場合、株価は刻一刻と変化しますし、株の単位のとらえ方により数字の端数が出ることもしばしばです。そのような環境下で「限りなく完璧に正確」であることを目指そうとすると、きわめて複雑なアルゴリズム、そして莫大な投資が必要となります。

　それでは、あらかじめ、多少の誤差（たとえば1万円程度）がある程度の確率で発生することは許容しておき、もし誤差が出たらその時は手作業で修正する、あるいは誤差の金額は証券会社が引き受けると決めておけばどうでしょうか。

　過剰な正確性を追うためのシステム投資コストを大幅に削減することができるのです。

事業企画者自身が
アルゴリズムを考えられる会社は強い

　ビジネスにおいては100%正確な処理を行うこと自体が目的ではありません。システムの処理とその他の処理全体を含めて、やりたいことが実現できればよいのです。

　「100%完璧ではないがこの程度まで精度を下げても実際には問題がないというやり方を知っている」「同じことを実現するにも、より計算量が減るやり方を考えられる」といったことを熟知し、場面ごとに最適なアルゴリズムを考えることが重要なのです。

　とくに大量データを扱う時代には、やりたいことを決めてから処理方法を決めるのでは遅すぎます。企画者やユーザーがある程度知識・スキルを持ち、処理方法を考えながらやりたいことを決めることが重要です。

　要件定義の段階から外部の優秀なエンジニアと協働することでも可能ですが、皆さん自身がある程度知識・スキルを理解していれば大幅にコストを削減することができ、また、自身のやりたいことを正確に実現することができるということは強く意識してください。

　また、これからの時代、一度作ったサービスがそのままずっと同じということはなく、絶えずブラッシュアップし続ける必要があります。そうした点からも、企画者自身がアルゴリズムから考えられることは、競争優位の源泉となるのです。

これからの日本におけるITプロジェクトのあり方

　ビジネスパーソンとして注意しておきたいのは、システム会社のSE、プログラマーといっても、必ずしも自らアルゴリズムを考えられるわけではないということです。

　「プログラミングができる人」と「アルゴリズムが考えられる人」は別だからです。

　たとえば、日本の社員数千人規模のIT企業にいるSEの中でも、アルゴリズムを自ら考えられる人は5％程度でしょう。

　大きなITプロジェクトにもかかわらず、全体の整合性を取りながらアルゴリズムを考えられる人材が実は1人もいない、という可能性もあります。そうした場合はほぼ必ず「終わらないプロジェクト」と化してしまいます。

　日本では歴史的に、契約時に期間、費用、必要な工数を見積もって始め、決めた成果物の納品にコミットする「請負契約」が主流でした。

　たとえば、皆さんが自社のホームページ制作をITベンダーに発注するとします。多くの発注者は、自分たちがやりたいことがあまり固まっていない段階で複数のベンダーに声をかけ、あるべきシステム像について提案書と見積もりを出してもらい、よさそうなベンダーに請負契約で発注をするというケースが多いでしょう。

　その後、途中でもともと想定していた仕様が実現できないことが判明したり、予定よりも処理速度が遅くなってしまい、とてもユーザーに使ってもらえるレベルではないことがわかったなどのトラブルがあっても、通常の場合、途中で見積もりは変

わりません。

　なぜなら発注側の予算はあらかじめ決まっているからです。そのため、このような状態を見越して、ベンダーは実際の想定よりも多めに見積もるのが一般的です。

　さらに見込んでいたバッファーよりも余計に工数がかかり、ITベンダーがかぶる、という赤字プロジェクトもめずらしくはありません。

　一方、欧米では請負契約をしてくれるITベンダーはほとんどいません。あまりにもハイリスクだからです。かわりに、「エンジニア3人を20日でいくら」といったいわゆる「人工」での契約が主流です。日本も近年、このような契約が増えています。

　ユーザーが自分たちでアルゴリズムを考えることができ、より効果的、効率的にエンジニアを稼働させることさえできれば、請負型よりも低コストで有効なシステムを構築することが可能なのです。

　本来あるべき姿はどちらか、いうまでもないでしょう。発注する側の皆さんがアルゴリズムとデータ構造くらいは考えながら夢物語ではない現実的な要件を定義し、実装する部分をエンジニアに任せることができれば、おたがいハッピーなのです。

　日本では、コンピュータサイエンスを学ぶ学生が少ないことが問題となっています。アメリカでは年間十万人以上の学生がアルゴリズムを学んでいますが、日本では1万から2万人にすぎません。ここまでの議論で、この差がいかに日本の将来にとって脅威であるかおわかりになるでしょう。

日本に不足しているのはディベロッパー人材

アメリカではアルゴリズムを考えられる人を「ディベロッパー（developer）」と呼び、彼らがITプロジェクト、ひいては新しいビジネス創造の要となっています。一方、日本にはSEやプログラマーはたくさんいてもディベロッパーは少数です。

法律を作る手法は知らないけれど日本語を喋ったり書いたりはできる人に、日本語で法律を書けといっているようなものです。

夢物語が途中で現実的ではないことがわかり、当初の見積もり通りにことが進まず、赤字プロジェクトへ。日本では長年、このような不毛なプロジェクトが繰り返されてきました。

ここで紹介したような知識・スキルを皆さんが持つことができれば、皆さんの生産性もあがりますし、日本のIT業界も健全化していくのです。

キーワード
プロジェクトマネジメント、要件定義、仕様、実装、ディベロッパー

最強の学問、統計学の基本を知る

CHAPTER1

 SKILL

05

ここでの学び

- **平均**：サンプルの値を足してサンプル数で割ったもの。代表値として用いられることが多いが、落とし穴に注意が必要
- **標準偏差**：ばらつきを表す指標。これが小さいと平均値あたりに固まるグラフとなる
- **正規分布**：自然界の事象や生産管理のシーンなどでよくみられる左右対称の釣鐘型の分布
- **相関係数**：一方があがれば一方があがる（あるいは下がる）という関係の度合い
- **回帰分析**：結果としてのある変数が、他のどのような変数によって決まってくるかを求める分析

POINT

データを読み、解釈するには、統計学の基本的なリテラシーが必要となる。ビジネスパーソンとしては、標準偏差や回帰分析の意味程度は理解しておく必要がある。

統計学のリテラシーが優位性につながる

　ここでいったんアルゴリズムやプログラミングの話を離れ、統計学の基礎について解説します。

　これはスキル06で説明するビッグデータのベースになる部分でもあり、実際に目にはみえない部分でコンピュータが大量の計算をしている部分でもあります。

　皆さんは『マネーボール（Moneyball）』という野球映画をご覧になったことはありますか。アスレチックスというメジャーリーグチームの実話をもとにした映画です。

　この映画では、貧乏球団で経営危機に瀕し、年俸の高い選手を雇えないアスレチックスがいかにチームを強化し球団を再建したかが描かれています。

　その根本にあったのはデータ分析です。主人公らは、チームの勝利という目的に対し、打率をはじめとする選手のどの統計データが効いているのかを冷静に分析し、その中でも年俸に反映されていない「出塁率」に注目しました。そして年俸は安いわりに出塁率の高い選手を集めてチームを強化したのです。

　2000年代前半に比べると、今は大量かつ多岐にわたるデータが手に入るようになってきました。皆さんがIT新時代のアスレチックスとなれるか、アスレチックスに出し抜かれた他チームになってしまうかは、データの有無以上にこうしたリテラシーの有無にかかっているのです。

　従来はデータ分析というと「意思決定のための分析」という側面が強かったのですが、IT新時代にはレコメンデーション

や自動翻訳など、分析そのものをアルゴリズムという形でサービスに織り込む「分析のサービス化」という大きな動きが生じています。

このような動きに対応するためにも統計学に関する基本的な知識が不可欠です。

基本となる2つのアプローチ

分析で鍵になるのは「比較」することです。そのためには、データをうまく集約して、比較しやすくする必要があります。

統計を活用するには、比較するためにまず数値データを集約する方法について知る必要があります。集約の仕方にはいくつかのものがありますが、ここでは基本となる「数字に集約する」「数式に集約する」の2つについて説明します。

数字に集約する

多数のデータの特徴をシンプルに1つの数字に集約して比較するのはよく用いられる方法です。

これには大別すると2つの視点があります。

①データの中心はどこにあるか（代表値）
②データはどのように散らばっているか（散らばり）

代表値ではデータの中心はどこにあるのか、別な言葉でいうと、データの代表選手は誰かを考えます。

代表値には平均、中央値、最頻値の3種類があります。これらは、統計のもっとも基本的な知識ですが、意外と不適切に用いられていることが少なくありません。

代表値	説明	利点	欠点	データ例	結果
平均	データの総和をデータ数で割ったもの。データの重心となる。各データまでの差分の二乗和 $\Sigma(x-\mu)^2$ がもっとも小さくなる値	すべてのデータが計算に用いられる	外れ値に弱い	{1,1,2,3,4,4,4,77}	12
中央値（メジアン）	データを昇順、あるいは降順に並べた時にちょうど真ん中に位置するデータ。各データまで距離の総和 $\Sigma\|x-\mu\|$ がもっとも小さくなる値。データ数が偶数の場合は真ん中の2つのデータの平均とする	外れ値に強い計算はほぼ不要	すべてのデータを用いるわけではない	{1,1,2,3,4,4,4,77}	3.5
最頻値（モード）	データの中でもっとも頻繁に出現する値	外れ値に強い計算不要	複数ある、あるいはないことがありうる。また、ヒストグラムでデータの幅の取り方を変えると最頻値自体が変わってしまう	{1,1,2,3,4,4,4,77}	4

　この中でももっともなじみがあり、よく使われるのは平均です。ただ、表からもわかる通り、平均は外れ値に弱く、場合によっては平均の代わりに中央値を使うこともあります。

　たとえば、5段階（1悪い⇒5よい）での映画のユーザー評価を考えてみます。熱烈なファンが結果をよくみせるためにユーザーIDを変えて何度も投票する、あるいはアンチファンが意図的に大量に1をつけるといったことがある場合、評価の平均値はユーザー評価の代表値としては適切ではありません。

　このような場合には、むしろ外れ値の影響を受けにくい中央値の方が代表値としてふさわしいのです。

　平均値は大量のデータの代表値としては便利なものですが、データが全体として平均値の周囲にどのように分布しているか、

散らばっているのかについては教えてくれません。

　この散らばり具合「各データが平均値のまわりにどのように散らばっているか」を教えてくれるのが「標準偏差」です。これも統計の超基本の知識です。

　通常、平均値より大きいデータもあれば、小さいデータもあります。したがって、データと平均値の差を求めると、プラスのものとマイナスのものが出てきてしまい、「各データと平均値の差（偏差）」を単純に平均しようとすると、プラスとマイナスが相殺されてゼロとなってしまいます。

　そこで、この偏差の二乗を取った値の平均値を取ります。これを分散（SD^2）と呼びます。

$$SD^2 = \frac{\{(x_1 - \bar{x})^2 + (x_2 - \bar{x})^2 + \cdots (x_n - \bar{x})^2\}}{n}$$

※　$\bar{x}$は平均値、nはサンプル数。対象を母集団ではなく、標本とみなす場合は分母をnではなく、n–1として計算する場合もあります。

　この「分散」の平方根（つまり、先ほど二乗したものをもとに戻す処理）を取ったのが「標準偏差（SDあるいはσと表記）」です。「シグマ」と呼ぶこともあります。平均的な散らばり、平均からの離れ具合を表すものと考えてください。

　もとの数字を二乗して平方根を取っているので、単位はもとの数字と同じになります。そのため理解もしやすいので、分散よりも標準偏差が散らばりの目安としてよく使われます。

$$SD = \sqrt{\frac{\{(x_1 - \overline{x})^2 + (x_2 - \overline{x})^2 + \cdots (x_n - \overline{x})^2\}}{n}}$$

※ $\overline{x}$は平均値、nはサンプル数。対象を母集団ではなく、標本とみなす場合は分母をnではなく、n−1として計算する場合もあります。

標準偏差の大事な特徴

標準偏差ほど不遇な数字もありません。ほとんどの方が高校から大学のどこかで必ず一度は学んでいるにもかかわらず、ほぼ一生使うことがない数字の代表例だからです。

その理由は、標準偏差という言葉だけを憶えていても、平均のまわりの散らばりのイメージが持てないことにあります。

実は身長やテストの点数など、世の中の多くのデータの分布は「正規分布」という釣鐘型の分布を取ることが知られています。この場合、「平均値±2SDの範囲にほぼ全体の95％のデータが含まれる」という関係性が知られています。ここでは「2SDルール」としてぜひ覚えてください。

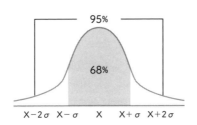

ではなぜ、95％が大切なのでしょうか。

それは、人間は10％未満の確率（たとえば5％）は起こりにくいと認識する傾向があるからです。そこで、日常的に「データはだいたいこの範囲に収まる」と感じる確率は、100％から起こりにくい5％をひいて95％と読み替えられるのです。

　2SDルールは標準偏差の統計的な概念を実務に応用するうえでとても重要なルールです。

数式に集約する

　数式にまとめる方法の代表選手である回帰分析は世界中でもっともよく使われている統計分析手法です。

　同時に、IT新時代に主役となりつつあるAI（人工知能≒ディープラーニング）をはじめとする機械学習の入り口にある分析手法です（機械学習については次のスキル06「ビッグデータの基本を知る」で説明します）。

　また、回帰分析と連関する散布図、相関といった考え方は、因果関係を推し量り、「Why?」という問いに対する答えを考えるうえできわめて重要な分析手法です。

　回帰分析は、もちろん自ら使えるようにもなってほしいのですが、少なくとも意味がわかるレベルを目指しましょう。ここでは散布図、相関とあわせて簡単に説明します。

　散布図は図に示すように、2つの変数の関係性をグラフに示したものです。この時、2つの変数間に片方が増えれば他方も増える、あるいは減るといった関係性、すなわち相関（共変性）が強ければ強いほど、グラフは直線的になります。相関の強さを表すのに使われるのが相関係数（R）です。

　相関係数はマイナス1から1までの間の値を取ります。正負

は右肩あがりであればプラス、右肩下がりであればマイナスです。また、絶対値の大小関係は次ページの図からもわかるように、直線的な関係性がまったく読み取れない状態が0で、直線に近づけば近づくほど1に近くなります。

なぜ相関が大切なのでしょうか。それは因果関係を推し量るうえで、相関の有無が大事なヒントになるからです。

なお、夏場のアイスクリームの売上とビールの売上の関係のように、相関がある（アイスクリームがよく売れている時にはビールもよく売れている）からといって因果関係とはいえない疑似相関のケースもありますから、注意が必要です[1]。

ビッグデータの世界では因果関係よりも相関が大切という考え方が主流となってきています。ビッグデータでは一般にデータ間の関係性が複雑になり、因果関係を推し量ることが実質的に難しくなります。

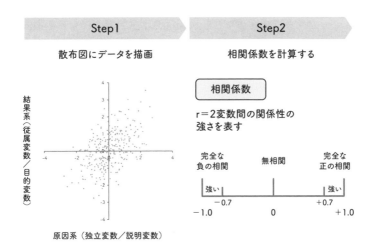

---

1) 通常、因果関係と判断するには以下3つの条件が満たされる必要があります。
1. 原因は結果に時間的に先行する　2. 相関（共変）している　3. 相関関係は他の変数（第三因子）で説明されない。アイスクリームの売上とビールの売上の例では直接の因果関係があるわけではなく、気温という共通の原因（第三因子）によりみかけの相関が生じています。

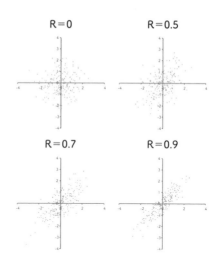

たとえば、ネットショップでおなじみの「おすすめ商品」をはじめとして、個人に価値があると思われる商品や情報をすすめるレコメンデーションでは実は広い意味での相関関係を使っています。

ビッグデータの世界では、因果関係は説明できなくても相関そのものをビジネスに活かしていく方向へと大きく変化しており、その意味でも相関を理解することはとても大切です。

回帰分析で予測する

さて、相関係数は関係性の強弱を教えてくれるという意味では重要なのですが、このままでは予測などには使えません。回帰分析は、変数間の関係性を式で表現することで、xからyを予測することを可能にしてくれます。

この「予測」という考え方はきわめて重要で、AIで行って

いることも一見複雑にみえますが、xからyを「予測」しているにすぎません。

　もちろん扱っているxやyがきわめて多様であることや、関係性が必ずしも直線的ではない点は回帰分析とは大きく異なりますが、本質は一緒です。

　回帰分析は、式から求めた予測値と実際の値の誤差がもっとも小さくなるように、式（Y＝aX+b）の直線の傾きaとy切片bを決めてやります。実際の計算はExcelの分析ツールに任せれば大丈夫です。

　直線式のデータへのあてはまりのよさを表すのに使われるのが決定係数（R^2）で、記号からもわかる通り、既述の相関係数の二乗の値を取ります。

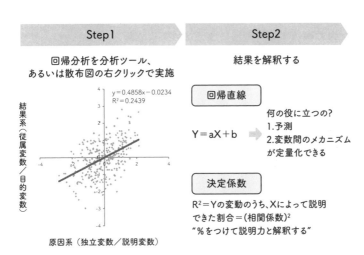

　83ページの散布図はワンルームマンションの広さと賃料の関係をグラフにしたものです。また、表は同じデータをExcelの分析ツールを使って分析した結果です。たくさん数字が並ん

でいて目移りがしてしまうのですが、実務上みるべきは以下の
3点です。

①**重決定R2**：既述の決定係数（R^2）のことです。家賃の分散
　の60％が面積で説明できることがわかります
②**係数**：賃料（円）の予測式は3,355×面積㎡＋13,459。1㎡
　あたりだいたい3,355円が相場であることがわかります
③**下限95％～上限95％**：予測式の傾きは95％の確率でほぼこ
　の範囲にあるだろうと推測される範囲

　最後の95％下限、上限について少し補足します。実は回帰
分析で求めている式の係数はいってみれば内閣の支持率を世論
調査で求めるようなものです。

　世論調査では全国民に聞けばわかるであろう「真の」内閣支
持率を、時間とコストの観点から人数を絞り込んで調査し、真
の支持率を推計することになります。このように対象を絞り込
んだサンプルのデータからもともとの真の値を推計する分野を
「推測統計」と呼び、近代の統計学のまさに花形となってきた
分野です。

　大変おもしろい分野であり、伝統的な統計学の本はこの分野
に多くのページを割いているのですが、ビッグデータの時代に
なって分析の目的や取り扱うデータ量が大きく変わりつつある
こともあり、本書では割愛します。興味のある人は、栗原伸一
著『入門統計学』（オーム社）などをご覧ください。

　回帰分析ではまさに目の前にあるデータがこの世論調査の調
査対象に相当します。しかし、実際には人数が絞り込まれてい

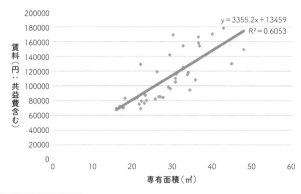

ることから世論調査から求めた「真の」支持率の推計には誤差が生じます。同様に回帰分析の係数についても誤差があるのです。

この95％の下限、上限の区間がまさに誤差を織り込んで、おそらく真の値はこのあたり、という範囲を教えてくれているのです。

この範囲をみる際に重要なのは、この範囲に0が含まれるか

どうかです。係数が0になるということは係数にそもそも意味がないことを示すからです。

　この事例では散布図からも明らかですが、係数は下限でも2,490であることがわかり、専有面積が賃料に効いていることがわかります。

説明変数が複数の場合もある

　ここまではxが1つの場合を扱ってきましたが、結果に効く要因は複数ある（すなわちxが複数ある）のが普通です。このような場合は、複数の要因を考えなければなりません。回帰分析では、ある事象を、たとえば次のような複数の要因からなる数式で説明しようと考えます。

$$y = a_1x_1 + a_2x_2 + a_3x_3 + \cdots + a_kx_k + b$$

　この例では一次式（xの足し算、引き算）で表現していますが、この他にも、対数や指数を利用した式、xを累乗した、x^2、x^3などを利用した多項式などもあります。

　ただし、ビジネス上では多くの場合そのシンプルさから、上記のような一次式が多用されます。左辺のyは右辺のxの値の変化によって変わりますので目的変数、あるいは従属変数といい、xは説明変数、あるいは独立変数といいます。

　また、bは定数項、a_kを偏回帰係数[2]といいます。

　このうち、先ほどのように説明変数が1つのものをとくに単回帰分析、複数のものを重回帰分析と呼びます。重回帰分析もExcelの分析ツールを使えば簡単に計算が可能ですし、結果の解釈には先ほどの単回帰での解釈が援用可能です。

---

2) 偏を省略し、単に回帰係数と呼ぶことも多い。

統計は、本来は大学の教養課程レベルの知識は欲しいところですが、そのために数学を学び直すのは大変なので、ここでご紹介した内容は覚えておくといいでしょう。

CHAPTER

1 コンピュータ+データ

2 戦略・マーケティング

3 リーダーシップ・組織

キーワード
平均、標準偏差（SD、σ）、散布図、回帰分析、決定係数、重回帰分析

ビッグデータの基本を知る

CHAPTER1

 SKILL

06

ここでの学び

- **ビッグデータ**：ほぼ全数を補足した、巨大で変化が速く、多様なデータ
- **IoT**：モノのインターネット。センサーの小型化等によりあらゆるモノがつながること
- **機械学習**：AI（人工知能）が得意としている学習のメカニズム
- **予測**：とくにビッグデータがある場合、AIが得意とすること。相関関係などを活用する

POINT

ビッグデータを用いた意思決定が増えている。ただし、高度な意思決定や、データ数の少ない意思決定においては注意が必要だ。

ビッグデータとスモールデータは何が違う?

ビッグデータという言葉をGoogle Trendsで調べてみると、2012年ごろから急速に使われるようになったことがわかります(まさにこれ自体がビッグデータです)。

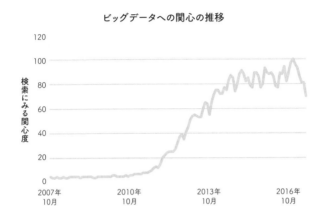

ビッグデータへの関心の推移

まず「ビッグ」データの特徴と従来の「スモール」データとの違いをみてみましょう。

ビッグデータはただ持っているだけでは資産になるどころかコストがかさむだけになりかねません。ビッグデータを価値に換えるためにはビッグデータにふさわしい分析が必要です。

ここでは、ビッグデータをビジネスでお金に換えるために必要な分析手法である機械学習≒AIについても続いて説明します。

さて、ビッグデータがそもそも何を指すのかについてはいくつかの定義があります。中でも有名なのは米国の調査会社であるガートナー社が定義した3Vです。

Volume：巨大（big）なデータ量

Velocity：データの速度。GPSのロケーションデータのようにデータが頻繁に更新される

Variety：データの種類の多様性（従来の定量データだけではなく、SNS上のテキストデータ、画像、動画、音声など多岐にわたる種類のデータ）

　実際、私たちが扱うデータ量は指数関数的に飛躍的に増加しています。2010年、グーグルのCEOだったエリック・シュミットはこの変化を象徴的に「文明の夜明けから2003年までに人類が生み出した情報と同じだけの情報を今や2日で人類は生み出している」と語りました。

　SNS 1つ取っても、ツイッターにあがるツイートは毎秒7.7千ツイート、一日では6億6千万件にのぼります。また、グーグルの検索量は毎秒6.1万件、一日では53億件といわれています[3]。

　センサーが高精度かつ廉価になることによりそこから取得されるデータ量も飛躍的に増えています。

　たとえばスマートフォンからはGPSによるロケーションデータがリアルタイムで収集され更新され続けています（更新され続けている、という点が大事です）。

　センサーそのものの数も、IoT（Internet of Things：モノのインターネット）の進展にともない、今後2023年には1兆個のセンサーが必要になるといわれており、こうしたセンサーからのデータが大量かつリアルタイムに収集されることになるのです。

---

3) 2017年7月26日時点。http://www.internetlivestats.com

データを集めるのがIoT、活用の視点からそのデータをみるのがビッグデータと考えれば、まさにIoTとビッグデータはコインの表裏の関係にあります。

データの量的な変化は当然ビッグデータの特徴を語るうえでは大事な視点なのですが、ビジネスの文脈では、同時にデータの質的な内容が従来とは変わってきていることも見過ごせません。

ビジネスでは最終的にモノやサービスを顧客に購入してもらうため、顧客を理解することがきわめて重要です。従来は顧客を「データ化（datafication）」するといっても、顧客属性に加え、たとえば顧客アンケートや実際の売れ行きなど、限られた情報からしか顧客について推し量ることができませんでした。

しかし、ビッグデータの登場により、過去には不可能だった顧客行動や心の動きをより現実に近い形でデータ化することができるようになったのです。そしてビッグデータのおかげで、これらをビジネスに活かせるようになってきたという点が鍵です。

データ量が「ビッグ」だと何がいいのか？

さて、データ量が増えると何がいいのでしょうか。一言でいえば、データ量が分析の質を飛躍的に向上させることです。

ビッグデータの威力をみせつけた初期の出来事の1つに、2005年にNIST（米国国立標準技術研究所）主催で行われたコンピュータを用いた翻訳コンテストがあります。

このNIST主催の機械翻訳（ソフトウェアを使った自動翻訳）のコンテストはもともと2001年にDARPA（アメリカ国防高

等研究計画局）のプログラムの一環として始められたものです。

　2001年9月11日に起こったテロの1日前、9月10日に米国は「戦いが始まろうとしている」「明日が作戦開始だ」といった通信を傍受していました。しかし、アラビア語の通信であったため、その内容は9月11日の翌日になってはじめて翻訳され、事件を未然に防ぐことができませんでした。

　この苦い経験から、戦場をはじめとして集められた情報を素早く英語に翻訳する技術の開発が求められていたのです。

　この年、初めてグーグルのチームがこのコンテストに参加し、ぶっちぎりのパフォーマンスで優勝しました。アラビア語の翻訳競技であったにもかかわらず、実はグーグルのチームには誰一人アラビア語のわかるメンバーはいなかったといわれています。

　ライバルの従来型の機械翻訳ソフトは、人間が考えたルールをベースに構文解析などをしていました。それに対し、グーグルはビッグデータを用いて、統計的な手法の翻訳でこのコンテストに臨んだのです。

　統計的な機械翻訳のアプローチは、概ね以下のように考えられます。

①翻訳モデル
　異言語間の対訳データをもとに、アラビア語の文章を（ブロークンな）英語の文章に置き換える

②言語モデル
　英語の大量な文章データをもとに、ブロークンな英語をなめ

90

らかな英語に変換する

データには2億語にのぼる国際連合の文章の対訳データ（アラビア語、英語）、さらに1兆語にのぼる英語のデータが用いられました。国連の公式言語はアラビア語、中国語、英語、フランス語、ロシア語、スペイン語であり、会議などの公式記録はこれら言語に翻訳され、保存されていました。それをグーグルは使ったのです。

従来の翻訳ソフトがルールベースの演繹的なアプローチだったのに対し、グーグルのアプローチは大量のビッグデータをもとにした帰納法的なアプローチを取ることで劇的な精度向上を達成しました。

ビッグデータを活かす機械学習

ここでは3Vとは少し違った角度から、ビッグデータとスモールデータの違いを「データの活かし方」という視点からみてみます。

ビッグデータ以前のデータ収集、データ分析は、取得できた限られたデータから全体を推し量ることが普通でした。これが近代統計学の重要な柱の1つである「推測統計」という分野です。

これが重視されたのは、現実的に大量のデータを集めるには膨大な時間とお金がかかるのが普通だったからです。たとえば、5年に一度実施される国勢調査は基本的に国民全員を調査対象としている「元祖ビッグデータ」ですが、2005年の国勢調査の予算は約650億円とされています。

このようにデータ取得のコストがきわめて高く、データが希

少資源だった時代には、全体そのもののデータを集めるのではなく、低コストで全体から一部のデータを抜き出し（サンプリング）、その数少ないサンプルデータからどうやって全体を推し量るかということが大事だったのです。世論調査における内閣支持率調査などはこの延長にあります。

ところがビッグデータの場合、目の前にあるデータはサンプルというより全体そのものです。それにともない、これまで主役であった推測統計に代わって脚光を浴びるようになったのが、機械学習と呼ばれる、データからパターンを抽出する分析手法というわけです。

ビッグデータの価値の本質は、この機械学習による「データに潜むパターンの抽出」にあるといっていいかもしれません。AIの本丸として話題になるディープラーニングと呼ばれる手法も機械学習の一分野です。

また、データマイニングと呼ばれてきた分野もほぼ同義です。

厳密には機械学習＜AIなのですが、最近のメディアでは実質的にほぼ同義に（機械学習≒AI）使われることも多くなっています。

先ほどの自動翻訳の例もまさにこの機械学習に他なりませんし、スキル05で扱った回帰分析も機械学習の手法の1つです。

機械学習が得意としているのは、大きく予測[4]、発見の2種類です。これらについては次節スキル07のAIのパートでもう少し細かく触れますが、ここで簡単に触れておきましょう。

予測では過去の膨大なデータからソフトウェアがデータの関係性、パターンを抽出し、そのアルゴリズム（手順）をもとに

4）連続する数値を予測する場合を"回帰"、カテゴリーを予測する場合を"分類"と呼んで区別することがあります。分類は識別と言い換えてもいいでしょう。

新たなデータに対して予測を行っていきます。過去の知識から未来を推し量ると言い換えられます。

たとえば、医療機関でレントゲンの画像から人間では見落とす可能性の高いガンを検知したり、高速道路のトンネルで壁を打った音によって耐久性を判断する打音検査で、熟練していない人でも異常や故障を正しく検知することなどに利用されています。

あるいは、商品をレコメンデーションする、新しい楽曲がヒットするかどうかを見きわめるといったことから、コンピュータ将棋や囲碁で次の最適な一手を予測するといったものにまで幅広く使われています。

発見は、対象を似通ったデータ同士のグループに分けるなど、データの背後にある本質的な構造を発見、抽出するものです。

たとえばビジネス文脈では、顧客をその属性や購買行動などから似たような顧客群にセグメンテーションするクラスター分析などがこのカテゴリーにあてはまります。

機械学習は説明ができない？

ビッグデータを活かすうえできわめて強力な機械学習ですが、実は従来のデータ分析と比べて大きな弱点があります。それは高い精度でビッグデータから予測や分類はしてくれるのですが、なぜそうなるかは説明してくれないのです。

「機械学習は説明が苦手」なのです。

たとえば、機械学習を使って、大量の顔の写真から笑っている、怒っているといった感情を推し量ることも可能ですが、な

ぜこの人の感情を笑っていると判断したのか、何が笑っている
という判断に効いたのかは機械学習の分析の中身をみてもあま
りに複雑で人間にはわかりません。

あるいは大学のAO入試であれば、分析した結果、たとえば
「名字のイニシアルはKかSかTで、中学高校時代に音楽もし
くは演劇をやっていた人間の方が入学後の成績がよい」といっ
た傾向が出たりしますが、機械学習は、なぜそうなるかという
因果関係、つまり原因と結果の関係を説明してはくれません。

このことから、繰り返し述べてきたようにビッグデータでは
「因果関係」よりも「相関関係（パターン）」が大事だといわれ
るのです。

一般に、人間は因果的な説明を求め、探す動物です。一方で、
機械学習が活躍するネットショップのレコメンデーションでは、
ある商品のおすすめの理由はとくに明らかにはされませんが、
おすすめの説明を求める消費者はほぼ皆無です。

実際におすすめが気に入れば購入するでしょうし、気に入ら
なければ購入しないだけです。

購入履歴データから買うかもしれないという予測ができ、実
際に購入するという結果がついてくれば、説明ができなくても
ビジネス上は十分、という考え方が成り立つのも事実なのです。

ビッグデータと人間の役割

ビジネスでの意思決定を階層的に考えた場合、戦略的な意思
決定など、より因果的な説明が求められる高次の意思決定は、
当面は従来型の分析手法が主流になると考えられます。

一方で、説明が不要な、あるいはその重要度が低い領域、先
述したネットでのレコメンデーションのような定型的で自動化

できる領域は今後どんどんビッグデータと機械学習が主流になっていくでしょう。

ただ、この説明の要不要の境界は時代とともに変化していく相対的なものにすぎないと思われます。人間は「説明を求める」と同時に、環境に「慣れる」動物だからです。

当初は説明を求めたとしても、ビッグデータ＋機械学習が出す予測結果が継続して当たり、信頼できると判断すればそれ以上説明は求めないのではないでしょうか。

実際、若い世代になるほど機械の判断を疑うことをしなくなるという傾向がみられています。**十数年後には、あるレベルの経営判断など、さらに高いレベルにまで機械学習が応用される素地ができつつあるのです。**

一方で、機械学習は与えられたビッグデータを一所懸命分析してくれますが、データを勝手に集めてはくれません。そもそもの目的設定や実際のデータは人間が与えなければ分析ができません。

すなわちビッグデータを活かす上流工程はこれからも人間が担当しなければならないのです。

目的を把握する力、さらにそこから逆算してどのようなデータが必要になるかを考える人間の思考力は、ビッグデータの時代に今まで以上に大切になるともいえるのです。

キーワード
3V、データ化、機械学習、推測統計、予測、発見

新しいテクノロジーの基本を知る

 SKILL

07

ここでの学び

- **ディープラーニング**：AIの機械学習の新しいアルゴリズム。人間の脳のシナプスと似たような構造を持ち、挙動をする
- **IoTによる価値創出**：IoTを活用することで、コストを意識せずに製品・サービスの付加価値が向上すること。新事業創出にもつながる
- **ロボティクス**：ロボット工学。産業用が主だったが、消費者向けの応用が期待されている
- **VR・AR・MR**：それぞれ、仮想現実、拡張現実、複合現実のこと。特性に応じ、多様な用途が見込まれている

POINT
新しいテクノロジーの進化は新たなビジネス需要を創出する。事業機会を見きわめる目利き力が問われる。

主要な技術の動向を知る

ここまでみてきたコンピュータサイエンスの基本的な知識・スキルに加えて、その時々の最新テクノロジーについても基本的な理解をしておくことが重要です。

ここでは、ビジネスに大きな影響を及ぼすと予想される主要なテクノロジーの中でもAI（人工知能）とIoT（モノのインターネット）について改めて詳述すると同時に、ロボティクス、VR（Virtual Reality：仮想現実）・AR（Augmented Reality：拡張現実）・MR（Mixed Reality：複合現実）についても簡単に解説します。

AI（人工知能）

前節のスキル06でも人工知能について触れましたが、ここで改めて補足します。

まず一般的に「人間の脳の役割を担うのがAI」と思われがちですがそれは正確ではありません。「人間の脳の考え方のアルゴリズムや仕組みをコンピュータに適用する」のがAIです。

AIとは何か、ということについては各研究者がさまざまな定義をしていますが、将来的に人間と同じような思考ができる、人間の脳にとって代わる存在になる、ということを指しているわけではないということは理解しておきましょう。

AIは実は1950年代から研究されてきた概念であり、過去2度、世界的なブームを経験してきました。

第1次AIブームが1950年代後半から1960年代、第2次ブームが1980年代から1990年代前半、そして現在2010年代に第3次ブームを迎えています。過去のAIブームの変遷をみてい

きましょう。

第1次AIブームはコンピュータを使って「推論・探索」をすることで特定の問題を解決することに取り組んだ時代です。

たとえば、将棋で「この手を指したら次に相手はどの手を指すか」というサンプルデータをコンピュータに大量に読み込み、確率論で推計して最適な指し手を提案する、というレベルにとどまっていました。

人間の思考でいえば、1つの選択肢を選んだら、その後何が起こりうるかの場合分けを行って考える思考法に近いコンセプトです。ただし当時のコンピュータの処理能力ではそれほど複雑なものを短期間で計算することができず、実用化には至りませんでした。

第2次AIブームでは、コンピュータに大量の「知識」を記憶させ、各分野の専門家の仕事を代替させるエキスパート・システムを目指しました。たとえば、質問に順番に答えていくと患者が感染した細菌を特定し、専門医の代わりに薬を処方してくれるシステムなどです。

この時点でも、第1次ブーム時よりは複雑なことができるようになりましたが、本質的にはあまり変わらない状況でした。また、より多くの知識をコンピュータに覚えさせ管理する煩雑さや、明確ではない漠然とした一般常識のようなものを覚えさせる難しさなどが明らかになるとブームは去っていきました。

ただし、この時代に、どのように指示をしたらコンピュータが知識をよりよく記憶できるか、より効果的・効率的に動くかという研究が進み、さまざまなプログラミング言語が生まれた

98

ことは大きな成果だったといえます。

現在の第3次AIブームは、過去のブームと比して革新的といわれています。その理由は「機械学習」のアルゴリズムの進化です。機械学習はコンピュータが与えられた大量のデータからデータの「分け方」を自動的に習得し、それを使って未知なデータが与えられても「分ける」ことが可能になります。

たとえば、皆さんは子供に「魚」というものを教える時にどのようにしますか。

まず何種類かの「魚」の写真をみせるでしょう。それを何度かしていくと、子供は自分で「魚というのは、紡錘形で、背びれ・尾びれ・エラがあって、目玉が大きい」という特徴を理解します。

すると、今までみたことがなかった種類の「魚」の写真をみても、その特徴をみて「魚」かどうかを判断することができるようになります。このプロセスを実現したのが機械学習アルゴリズムです。従来は人間の作業であった分類するための特徴の抽出をコンピュータが自動的に学習しながら行うことができるようになったのです。

機械学習の基礎的な理論自体は最近生まれたことではありませんが、近年利用が急速に拡大しています。背景としては、前節で触れたビッグデータにより学習データの入手が容易になったこと、コンピュータの処理能力が向上し処理時間が実用レベルに短縮されたこと、そして、技術的ブレークスルーとしてディープラーニングというアルゴリズムが登場したことなどが

挙げられます。

ディープラーニングとは機械学習のアルゴリズムの1つで、人間の脳のシナプスのつながりをコンピュータに適用したものです。人間の脳と同様にたくさんの情報を与えるとシナプスが反応して勝手に学習していくのです。

ディープラーニングを活用した有名な事例に手書き文字の認識があります。画像認識の世界ではよく使われる標準的な手書き画像データセットに「MNIST」というものがあります。

これは$28 \times 28 = 784$ピクセルの大きさの手書き文字画像と正解ラベル（たとえばこの画像は「3」が正解など）をつけたデータをピクセル単位に分解して7万枚分ニューラルネットワークに読み込んで認識させるものです。

すると、コンピュータが自らデータから学習し、読み込ませた画像が何割の確率で「3」なのかを判断できるようになるのです。

1980年代にはすでに理論は確立されていましたが、784ピクセルを7万枚分、つまり5488万個のデータを実用レベルの時間内で処理できるレベルにまでコンピュータの能力が向上したからこそ実用化することができたのです。

このように現代のAIの能力は飛躍的に向上しましたが、万能ではありません。得意なこと、不得意なことを理解し、適切な期待を持って活用することが重要です。前節でも触れたように、AIが得意なことはデータの識別と予測、発見です。これらは2018年現在、AIサービスの主戦場ともなっています。

AIの今後

今後期待される領域は「会話」です。人間と話す際と同じように会話をすることができるAI技術は大変難易度が高く、まだ実用に堪えうるものはありません。なぜならば、AIの能力を向上させるために重要なことは、大量のデータをどれが正解か不正解かというラベルとともにインプットできることです。しかし、そもそも何が正解か不正解かを人間が決められないものは、AIも判断することはできないのです。

たとえば、人間同士の会話で、Aさんの「今日はよい天気ですね」という問いかけにBさんが「ムカつく！」と答えた、という会話は一見まったくかみ合わないようにみえますが、状況によっては違和感なく成り立つこともあるでしょう。

「AIが発達すると人間の仕事が奪われてなくなるのではないか」というようなことがホラーストーリーとして語られることがあります。確かに、AIで代替できる仕事も多数あるでしょう。

しかし、人間がする方がよいこと、人間にしかできないことがまったくなくなるということはありません。AIが進化した世界を闇雲に不安に思うのではなく、AIについて正しく理解し適切に活用していくことが大切です。

たとえば、弁護士の業務であれば、過去の判例を探すといった業務は紙の資料にあたって探すよりも大量データを読み込んだコンピュータに探させた方がずっと正確でスピードも速いことは明らかでしょう。一方で、対話を通じてクライアントの気持ちをほぐし本音を引き出したり勇気付けたりする業務は人間が担う方がよいでしょう。

日本をはじめ、多くの先進国のように、労働人口減少に直面している経済においては、コンピュータが得意なことは任せてしまい、人間は人間がする方がよいことに集中する、というように協働しなければこれからの経済は成り立ちません。

　人間が、AIの得意なことや不得意なこと、可能性と限界を正しく理解すること、そして、コンピュータが得意なことについては、コンピュータが効果的に仕事をするように人間が適切に指示をし、任せることが大切です。

IoT（Internet of Things：モノのインターネット）

　IoTにより、パソコンやスマートフォンなどの情報通信機器に限らず、たとえばイスや自動車などありとあらゆる「モノ」がインターネットにつながることで、私たちの生活やビジネスが大きく変わるといわれています。

　世界全体では2020年には530億個のモノ（パソコン、家電、自動車、家具など）がインターネットにつながるだろうといわれています。以前はセンサーや通信モジュール等の機器や通信にかかるコストが高かったため、少数の高価なもの（パワーショベル、ジェット機など）にしか取り付けることができませんでしたが、技術が発展して圧倒的に安価かつ小型化されたことにより、コストを意識せず多くのモノに取り付けることが可能になっています。

　たとえば、営業担当者が毎日終業時に上司へ連絡しなければならないとして、これまでは各人に携帯電話を持たせ、1日に1度3分しか通話しなかったとしても端末費用数万円、通信費用月額数千円を支払わなければなりませんでした。

　しかし今は、営業担当者が運転する自動車に小型のIoT端末

をつけ、毎日終業時にボタンを押すと自動的に上司へメールが送られるように設定しておけば、端末代数百円、通信費用1日10円程度で済むのです。さらに技術が進化すれば、ボールペンのような小さくて大量にあるものにもIoT端末が埋め込まれる時代がくるかもしれません。

　今後期待されるIoTビジネスの方向性として大きく3つが考えられます。

　1つ目はすでに実用化が進んでいますが、業務そのものの改善です。

　たとえば、建設現場のパワーショベルにセンサーと通信機をつけ、稼働状況のデータを収集するといったものです。

　2つ目は製品やサービスを販売した後のアフターサービスの充実です。たとえば、テスラ社の自動運転車は、搭載されているソフトウェアがアップデートされるとスマートフォンのOSが更新される際のように通知が表示され、更新を許可すると夜間に自動的に更新されます。すると翌朝運転しようとするとこれまでになかった機能が追加されていたり、表示が変わったりするのです。

　これまでの自動車はたとえばカーナビのソフトウェアを新しいものにアップデートしたければ自動車販売ディーラーに持って行って作業してもらっていたところを、車自身が自動的に行ってしまうという画期的な発想の転換です。

　3つ目は製品やサービスそのものの付加価値向上です。残念ながら2018年時点の日本ではほぼ事例がありません。

103

これはたとえば、鞄という安価で大量に存在するものにIoT端末をつけておけば、盗まれたり、飛行機に搭乗する際に預けたものが出てこなかった時などに、どこにあるのかすぐに突き止めることができるといったものです。

鞄という成熟していると思われている消費財、大量に商品が流通している市場においても、ちょっとしたセンサーを埋め込むことにより付加価値をあげ、競争力のある新製品を生み出すことができるのです。

現時点のIoTビジネスのほとんどは1つ目の業務改善ですが、将来的には他の2つの方向性が主戦場となるでしょう。

ロボティクス

ロボティクスの市場は2017年現在1兆円規模、2035年には10兆円規模になるといわれています。現在は産業用ロボットが主流ですが、今後はサービスロボットの成長が注目されており、現在はビジネス化できていないところも、近い将来5兆円規模にまでなるといわれています。

サービスロボットといっても医療用、輸送用、介護用など色々な種類がありますが、その中でもとくにコミュニケーションロボットが伸びると予想されています。

家庭、オフィス、店舗など、それぞれに1台はロボットがいるという世界も夢ではありません。

サービスロボットの進化を考えるうえで重要なのは、文化の違いによって重視されるポイントや進化の方向性が異なるということです。

ロボットといわれるものの中にもヒトの形をしているものと、していないものがありますが、アマゾン・エコーやグーグル・

ホームのようにアメリカで生み出されるものはほぼヒトの形をしていないのに対して、ペッパーのように日本で生み出されるロボットはほぼヒトの形をしており、世界観が大きく異なります。

裏側にある技術はさほど変わらないのですが、文化的要素によって開発されるモノが違うのです。

背景となる仮説として、日本のようなハイコンテクスト文化（文脈や行間を重視する文化）では、自分と同じようなヒトと会話をしてニュアンスを理解することが重視される一方、アメリカのようにローコンテクスト文化ではニュアンスはあまり重要ではなく、具体的な中身が重視されるから、といわれています。

サービスロボットのような構想は数十年前からSF映画に描かれてはいましたが、技術が発達し実際に商品化されるようになったのはここ数年の話であり、技術的にできたロボットをどのように活用するかはまだ議論にとどまっている段階です。

たとえば、ペッパーのような人型ロボットが家電量販店に置かれているとしても、挨拶や、店内で購入したいものが置いてある場所を教えてくれるといった使い方にとどまっており、我々の社会で一般的に実用化されるのはこれからです。

ロボティクスは今後爆発的な成長が期待される分野です。ロボット技術の専門家ではない皆さんにもチャンスがありますので、ビジネス起点でサービス化を検討いただくといいと思います。

VR（仮想現実）・AR（拡張現実）・MR（複合現実）

最後に、VR、AR、MRについてそれぞれ今後の方向性や課題についてみていきましょう。

VR（Virtual Reality：仮想現実）とは、現実に目の前にある風景が遮断され、コンピュータが作りあげた世界があたかも現実であるかのように知覚させる技術です。

たとえば、人間が専用のハードウェアを目につけて歩くことによって、まるで深海を泳いでいるように錯覚してしまうサービスなどです。

AR（Augmented Reality：拡張現実）はVRの変種であり、その時、実際に周囲にある環境にコンピュータが情報を付加したり削除したりすることによって人間が認知している世界を拡張する技術です。

現在では多くの場合、スマートフォンのカメラ機能を使って撮影した現実世界とコンピュータが作った画像などのデータを融合させるサービスが主流です。

たとえば「ポケモンGO」のように、実際に目の前にある風景の中にアニメのキャラクターが実際に存在しているようにみせるゲームがあります。

MR（Mixed Reality：複合現実）はVRとARが混ざった概念で、VRのようなハードウェアを身につけているものの、現実世界は遮断されず目の前にあるまま、コンピュータが作り出したものが重なってみえるというものです。

たとえば、専用のメガネをかけると目の前に実際にある商品の隣に、その成分や価格が文字として表示されるようにみえる

サービスです。MRはSF映画では目にするサービスですが、2018年現在はマイクロソフト・ホロレンズ以外はほとんど実用化されていません。

現時点では「ポケモンGO」のヒットに象徴されるように、ARの実用化が先行しており、しばらく市場の拡大が進むと考えられます。

ゲーム以外にもたとえばIKEAが目の前の実際の風景と家具の画像を融合させて、購入する前に自分の部屋にその家具が似合うかどうか確認することができるスマートフォンアプリを提供するなど、営業支援やプロモーションといったさまざまな用途で実用化されています。

今後、実用化が進むと期待されるのはVRです。エンターテイメントはもちろんですが、特定の用途での使用が進むでしょう。たとえば、医療現場で手術をしている際にVRを使って体内の状況をより立体的にリアルに確認することで、より効果的な治療を行うことができるようになるでしょう。

VR市場の拡大にあたっての課題は、まずハードウェアの開発コストです。一般的に家庭用ハードウェアの価格は300ドルを下回ると広く流通するといわれていますが、2018年時点ではほど遠い状態です。それがどのくらいのスピードで低減していくかは要注意です。

もう一点はコンテンツの開発です。現時点で明確にみえている市場はゲームなどですが、それでは市場規模が限定的ですし、制作費用が圧倒的に高く、既存のソフトウェア開発企業ではまかない切れない状況です。

日本でもVR制作スタジオを共同で立ちあげようという動き

もありますが、VRならではのコンテンツをある程度のコスト
に抑えながら、いかに増やせるかが課題です。

新技術との付き合い方

　本スキルでみてきたような新しいテクノロジーが現れた際に
は、闇雲に商品化しようとしたり、逆に自分たちには関係がな
いと諦めるのではなく、そのテクノロジーが今どのステージに
いるのかを冷静に見きわめて、自分たちがどのタイミングでど
のように関わるか、場合によっては勝負するかを考えて動くこ
とが大切です。

　新しいテクノロジーが生まれて実用化されるまでには、テク
ノロジー自体の進化が先行しているファースト・ステージと、
実際にビジネスに適用されるセカンド・ステージがあります。

　たとえばAIのテクノロジーの研究と進化、つまりファース
ト・ステージを牽引するプレーヤーは残念ながら日本ではほぼ
いません。ほとんどがアメリカ企業に席巻されています。

　しかし、進化したAIを実際のビジネスに応用していく、つ
まりセカンド・ステージから参入する余地は大いにあります。
たとえば、日本でのAI関連市場の規模は2015年時点では約3
兆7,450億円ですが、2020年には約23兆円、2030年には約
87兆円に成長するといわれています（EY Instituteレポートよ
り）。

　AIのアルゴリズムを生み出すファースト・ステージで勝負
できなかったとしても、外部環境や自社の強みをしっかり分析
し、勝てる領域を見出してセカンド・ステージで成功する余地
は大いにあります。

　たとえば、現時点では、AIの応用範囲としてコールセンター

の自動化が取りあげられることが多いですが、2030年時点において は約87兆円市場の中でたった3,300億円程度にとどまる見込みです。一方で、アドテク広告市場は3.6兆円程度までに成長するといわれています。

　ファースト・ステージでは「進化した技術を目先の何に転用するか」という技術ドリブンの狭い発想になりがちです。

　セカンド・ステージになってから冷静にこの領域だったら勝てそうだというところを見きわめて戦うことでも決して遅くはないばかりか、やり方次第ではむしろ市場を席巻する可能性があるのです。

　エンジニアでなくても、基本的なテクノロジーの知識を得て、それが今どのステージにいるのかを判断し、自分たちが勝てるところはどこか冷静に考え行動することが重要です。

キーワード
AI（人工知能）、ディープラーニング、IoT（モノのインターネット）、ロボティクス、VR、AR、MR、
セカンド・ステージ

新スキルの勉強法①

　環境変化や技術的進歩が加速度的に進む時代においては続々と新しい分野や技術が生まれており、一度学んだ知識やスキルでもすぐに陳腐化してしまいます。重要なのは、継続的に新しいことを学び続け、知識をアップデートし続けることです。

実際に体験してみる

　まず、「体験していないことは想像できない」という基本原則を理解しておきましょう。ニュース等でみかけたり、周囲で騒がれている新しい商品やサービスがあったらとりあえず使ってみるというフットワークの軽さが重要です。実際に使ってみて初めて、その商品やサービスの本質的な価値は何なのか、よりよくしていくために重要なポイントは何か、その分野を深めるためにはどのようなポイントを勉強するべきかがみえてくるのです。

　とくに、インターネット上のサービスであれば今や使用料は無料かきわめて安価であることが多いものです。是非、顧客として実際に新しい商品・サービスを体感してみましょう。

インターネット上の情報をフル活用する

　通常の学習に関しては書籍を読むことが効果的ですが、IT/ICTの分野は日々新しい商品サービスや概念が生まれており、世の中の潮流に書籍の出版が追い付けていないのが現状です。書籍化されていないテーマや最新の事例や潮流については、グーグル等の検索エンジンを利用し、インターネット上にある情報を収集しましょう。

　具体的に知りたいことをキーワード検索し、また記事や論文、掲示板、セミナーや講演の資料、ブログにあたったり、あるい

はテーマと関連する業界団体、企業のウェブサイトをみてみるとよいでしょう。

その際、ぜひ日本語に限定せずに、英語のキーワードで検索することをおすすめします。海外のサイトでは詳細データまで無料で公開されていることが多いからです。

英語が苦手という方も多いかもしれませんが、最近ではグーグル翻訳など、無料で使用できる機械翻訳の精度も高まってきています。Chromeなどのウェブブラウザからボタン1つで表示されているページを日本語に翻訳することも可能です。臆せず英語で情報収集をしましょう。

とにかく試しに自分で作ってみる、動かしてみる

顧客として商品サービスを体験したり、書籍やインターネット等を活用して大枠をつかんだら、とにかく自分で作ってみたり動かしてみたりすることが重要です。

実際に試してみると、うまくいかないことも多いでしょうが工夫するプロセスを通じて多くを学ぶことができますし、難しい点や発展可能性が具体的にわかります。何より、新しくモノを生み出す、創造する楽しさを感じることができるでしょう。

質問・相談できる知人のネットワークを作る

色々自分で作ってみると、つまずくこと、わからないことが具体的にたくさん出てくるでしょう。そのような時には周囲の詳しい人に質問をしましょう。そのためにも有識者の知人ネットワークを持つことも重要です。

現状周囲に該当者がいない場合でも、積極的にセミナーや展示会に出向いて色々な人と知り合いになったり、SNS上のグルー

プに所属して交流を深めるなどして、知人のネットワークを持つことができるでしょう。

そうした知人がいない場合は、インターネット上の交流サイト等を利用してバーチャルに質問してみましょう。

GitHubのような世界中でアプリケーション開発やプログラミングに関する知識を共有したり質問しあったりするウェブサイトに悩みを入力すると、世界中の人が解決策を教えてくれます。

さらに技術に習熟してきたら、自分でも他の人たちの質問に対して回答するなど情報提供もしましょう。人に教える活動を通じて自らもさらに学ぶことができます。

1つのテーマを学んだら関連する別のテーマへ

学びが深まったら、是非関連する別のテーマを深掘りしていきましょう。たとえばIBMの「Watson」を無料で使えるサービスを自分でも動かしてみます。すると、プログラミング言語を知っていればより複雑な処理も自分でできることに気がつき、Pythonのようなプログラミング言語を学んでみるということにつながるでしょう。

そして、Watsonの中の他のサービスを使ってより複雑なアプリケーションを自分で作ることができるようになる、といったように、関連づけながら新たな学びを積み重ねていくことができるようになります。

CHAPTER 2

戦略・マーケティングの基本スキル

CHAPTER 2

業務の生産性をあげる

 SKILL

08

ここでの学び

- **生産性**：新時代においては、スマートで高品質な働き方を実現し、効果的に高い価値を生み出す力、あるいはそれによるアウトプットを指す
- **業務の切り分け**：機械と人間の役割分担を考えるために行うべきこと
- **前提**：物事を考える際の暗黙の条件。近年、機械によって人間の自然な前提が覆されることが増えている
- **行動データ**：人間の行動そのものに関するデータ。性別や年齢等の属性データと対比される

POINT

コンピュータ（機械）を適切に用いて、「スマート」な働き方が実現できるようになってきている。機械をいかに生産性向上につなげるかはすべての企業、ビジネスパーソンの課題だ。

テクノベート時代の生産性向上

「業務の生産性をあげる」と聞くと、多くの人は「より多く、早く仕事をこなせるようにする」ことを思い浮かべるかもしれません。

しかし、目の前の仕事の単純な処理量やそのスピードをあげるだけでは、本当の意味で業務の生産性はあがりません。というのも、仕事をこなす量が増えれば売上が増えるという単純なビジネスはもはやさほど多くないうえ、処理スピードをあげればそのぶんだけ仕事の質が落ち、顧客から不興を買うといったケースも増えてきているからです。

顧客が無意識のうちに不満をため込めば、それは必ずいつかあなた自身の「後始末」という形で大幅な生産性のダウンとなって降りかかってきます。

テクノベート時代における生産性とは、こなす仕事の量やスピードのことではなく、コンピュータを活用した業務の自動化や今抱えているさまざまな資産の有効活用、そしてそれらを通じた「スマートで高品質な働き方」の実現のことなのです。

仕事内容を細かく切り分け、コンピュータとの間で分担する

では、スマートな働き方を実現するための生産性向上とは、実際にどのようにして実現していけばよいのでしょうか。

その第一歩が、「自分の身の回りの仕事を、細かく切り分けてみる」ことです。

「取締役の利益相反のチェックや顧問弁護士の選定、コンプライアンスに必要な社内会議のスケジュール作成、上場時の株式

売り出し価格の決定や投資家への報告など、企業の株式上場に際して必要なほとんどの作業は、マウスクリック1つで自動化できます」

　2017年6月、投資銀行の米ゴールドマン・サックスは、これまで十数人もの若手スタッフが数カ月もの期間、休みなく毎日18時間も働くことでやっと実現されていた膨大な申請書類の作成や当局との連絡・調整、投資家や金融機関との交渉といった新規株式公開（IPO）業務の大半を、コンピュータによって自動化するシステムを開発しました。

　これらの作業内容は、かつては銀行員が数多くの経験を積むことでようやく身につけるものとされており、数百億から数千億円単位の資金が動く大型の上場案件ともなれば、どの投資銀行も自分たちがいかに経験豊富な人材を抱えているかを企業にアピールして、株式引き受け業務の中心的役割を担う「主幹事証券」の座を争ったものでした。
　しかし、今やそうした投資銀行の複雑で高度な知識の求められる業務でさえも、それが「過去に何度も繰り返し行われた」仕事である以上、コンピュータが取って代わることができるようになりつつあります。それほど高度な知識を求められるわけでもない仕事であれば、なおのことでしょう。
（「ゴールドマン、IPO自動化努力が拡大－数千時間の人間作業が不要に」Bloomberg、2017年6月14日 https://www.bloomberg.co.jp/news/articles/2017-06-13/ORHDUY6TTDTL01）

　ゴールドマン・サックスのこうした取り組みは、高い給料を取るスタッフを反復の多い事務作業から解放し、顧客企業に対

116

する助言といった、生身の人間でなければできない業務にもっと時間をかけられるようにするのが狙いです。

つまり、業務全体を丸ごとコンピュータに移すのではなく、「人間とコンピュータで役割を分担する」のが、そのポイントです。

営業の仕事を例に考えてみましょう。営業とは一言でいえば「お客様からの引き合いに対応し、自社の製品／サービスを買ってもらう」業務ですが、それには何十、何百もの細かいプロセスから成り立っています。ざっくりいうだけでも、

①顧客からの問い合わせを受け、適切なスタッフに振る
②スタッフが問い合わせ内容を確認し、いつまでにどのように対応するか決める
③初期対応（問い合わせに答える／製品の詳細な説明書を送る／顧客訪問を行うなど）
④初期対応の結果を踏まえ、商談の計画を立案する
⑤商談を繰り返し、顧客に購入をすすめる
⑥見積書や請求書を起こし、顧客と契約を取り交わす

といった6つのプロセスがあります。

このうち、生身の人間でなければできないのは5つ目の「商談を通じて（顧客の気持ちをつかみ）、購入を働きかける」という役割だけです。

それ以外はすべて、過去の顧客対応の履歴データを読み込ませたり、人間が何回か対応パターンの見本を示したりしてやれば、コンピュータに自動的に最善の対応策を提案させることが

可能です（見込み客への営業対応を自動化するシステムは、「マーケティング・オートメーション（MA）」と呼ばれ、広く使われています）。

もちろん、コンピュータが提案した通りに顧客に対応するべきかどうかは、最終的に人間が判断してもよいでしょう。

しかし、人間はえてして顧客への対応を忘れていたり、その手段やタイミングを間違えたりといった「うっかりミス」をしがちです。

コンピュータがつねに正しいとは限りませんが、より記憶力に優れた、細かいことにも気がつく「パートナー」が伴走しながら人間の仕事をサポートしてくれると考えれば、そうしたミスは大きく減り、それによって営業という業務の生産性はあがるのです。

それまで「当たり前」と思っていた判断を疑ってみる

自分や周囲のスタッフが担っている業務をコンピュータと分担して効率化する際に、もう1つのポイントとなるのが、「それまでの判断の妥当性を疑い、検証する」ことです。

コンピュータには、人間の頭脳が思考できるよりもはるかに多くの情報を取り込み、それがどの程度結果に結びついたかどうかを分析する能力があります。

たとえていうなら、ダイエットする際に「毎食茶碗2杯以上のご飯を食べると太るが、1杯なら太らない」と私たちが考えている時、コンピュータは日々の食事量と体重の推移をつぶさに分析し、「1食につき白米1,200粒から2,500粒を摂取すると体重に及ぼす影響が1％以下で、2,500粒を超えると3日以内に平均3.2％体重が増加する一方、毎食の白米摂取が1,200

粒を下回っても体重は増加する」とはじき出すようなものです。

　ここで注意したいのは、コンピュータのテクノロジーを用いることによって、「ご飯を食べすぎると太る」というこれまでの判断の的確さとともに、「ご飯を食べない人も太る」といった、従来の私たちの"直感"とは逆の結論が導かれることもよくある、ということです。

　こうした人間の「思い込み」による非効率や誤判断が、意外にも業務の生産性を落とす原因となっていることがあります。

　テクノロジーを効果的に使って生産性を向上させるには、従来のやり方をそれまで通用させていた誤った常識を洗い出し、業務内容をより効率的で正しいものに変えていくといった発想が大事です。

　たとえば、機械式駐車場最大手のパーク24では、コインパーキングの平均稼働率を47〜48％にとどめるよう、全社で管理がなされています。コインパーキングですから、車で埋まっていればいるほどその駐車場からあがる収入が増えますが、車が駐車していなければ収入も生じません。したがって、稼働率は高ければ高いほどよいことのように思えます。

　しかし、実際はそうではありませんでした。同社がコインパーキングの稼働率とドライバーの満足度の相関関係を分析した結果、あるエリアの駐車場がいつも埋まっていると、車を駐めたいと思うドライバーの満足度が落ちることを発見しました。「ドライバーが駐めたいと思う時にいつも空きスペースがあるようにするためには、平均稼働率は48％前後に維持することが望ましい」という分析に基づき、同社ではエリア内の駐車場の稼働率が48％を超えると、そのエリア内に新たな駐車場を開発して平均稼働率を下げるよう、営業社員に指示が行くよう

CHAPTER

1
コンピュータ＋データ

2
戦略・マーケティング

3
リーダーシップ・組織

119

になっているのです。

　こうした業務の見直しの分析をうまく行うためには、コンピュータに与える分析用のデータがきわめて重要です。私たちは「データ」というと、顧客の属性（年齢、性別、住所など）や製品の仕様（スペック）、またそれぞれの顧客の過去の購買履歴など、すでに存在しているカタログ的な情報のことを思い浮かべがちです。

　しかし、ここで分析にかけるべきデータはすでに存在するものではなく、日々顧客や社員が生み出し続けている「行動」に関する情報であるべきです。

　カタログ的な情報、とくに顧客の属性に関する情報は「個人情報」と呼ばれ、その収集や利用が厳しく法律で規制されていますが、実はそうした情報は取り扱いが難しい割に、分析をしても業務生産性につながる結果の得られるものがあまり多くありません。

　一方、顧客や従業員など個人の属性と切り離された「行動」に関する情報は、新たなテクノロジーを用いれば入手・活用がしやすく、また分析によってこれまでの勘や経験からは思いも寄らなかった業務生産性向上のヒントが、たくさん得られる可能性があるのです。

新しいデータを集めて「公開」してみる

　さて、データ（情報）を集めて分析し、判断の根拠にあったそれまでの常識を疑ってみましょうという話をしてきましたが、「そんなに分析できるほどのデータがない」という方もいるでしょう。

　その場合は、これまでデータ化されていなかったことをセン

サーで記録し、活用してみてはどうでしょうか。

センサーを使うというと、専門家しかできないと思われるかもしれませんが、最近はちょっとした電子工作と簡単なプログラミングの心得さえあれば、簡単にセンサーを自作し、データを生み出すことができます。たとえば「Raspberry Pi」という、PCと同等の機能を持つ名刺サイズの基板に赤外線センサーを取り付ければ、人の気配を計測してそのデータを収集・分析することができます（実際のやり方はhttps://qiita.com/isann_tech/items/778a8fc71a5c57bff72dなどを参照）。

国内のある企業ではデータ収集・分析の実験として、この赤外線センサー付きネットワーク端末をオフィス内のすべての会議室やトイレの個室に取り付けて、そのデータを社内ネットワーク上で確認できるシステムを開発し、社内に公開しました。

つまり、オフィス内の会議室や個室トイレのどこに人が入っているかいないかが、ネットワーク上で誰でもみられるようにしたのです。

すると、数週間しないうちに社員の行動に変化が起きました。個室が空いているかどうかわからない時には、社員は何度もトイレに行き、空いている個室を探していたのですが、空いているかどうかがわかるようになると、自分のデスクであらかじめトイレの空きを確認してからトイレに行く社員が増え、その結果社員の離席回数が減っていったのだそうです。

また、会議室についても意外なことがわかりました。その企業では会議室の不足に慢性的に悩まされていたのですが、センサーのデータをもとに調べてみると、予約されている会議室のうち実際に中に人がいて使われているのは6割しかなく、残り

の4割は実際には会議が直前にキャンセルされるなどして、使われていなかったことが判明しました。

　その企業では、センサーによる計測実験の結果を踏まえて、「予約されている会議室であっても、予定時間を過ぎても使われていない場合は使ってもよい」という利用ルールを新たに定めました。その結果、会議室にセンサーを取り付ける数千円の費用だけで、社内の会議室不足が大きく改善されたということです。

　このように、テクノロジーを使いこなすことによって、身の回りのちょっとした不便を大きく改善することができます。

　そのためには、自らセンサーを使って色々なもののデータを新たに集め、分析・可視化することにより何ができるかを考えるという、「とりあえずやってみよう」の精神がとても重要なのです。

CHAPTER

1
コンピュータ＋データ

2
戦略・マーケティング

3
リーダーシップ・組織

キーワード
マーケティング・オートメーション、行動データ

ネットワークの経済性を理解する

 SKILL

09

ここでの学び

- **ネットワークの経済性**：ユーザーの多さがさらに多くのユーザーを惹きつけ、劇的なコスト低減をもたらすメカニズム
- **プラットフォーム**：ユーザーやサービスが集まる場。あるいは、そうした場を提供することで市場での地位を確立するビジネスモデル
- **レイヤー**：製品やサービスを構成するパーツごとに別の企業やブランドが存在すること、あるいはその階層
- **エコシステム**：ビジネスにおいて複数の企業が集まって価値創出を行う生態系

POINT

情報中心のビジネスでは、保存・複製・伝達の限界費用が小さいなどの特性があり、ネットワークの経済性と、それを踏まえたプラットフォーム型ビジネスの理解が重要になる。

ネットワークの経済性のインパクト

ネットワークの経済性は、ミクロ経済学の分野で「ネットワーク外部性」と呼ばれるメカニズムによって生じる経済的な効用のことです。

たとえば、ここにまったく同じ機能・性能を持つメッセージアプリが2つあったとします。それぞれのアプリの機能は同じですが、1つのアプリはあなたの知り合いがみんな使っていて、もう1つのアプリは知り合いが誰も使っていないとしたら、あなたはどちらを選びますか。まず、ためらいなく最初のアプリを選ぶでしょう。

このように、製品やサービスの価値がその製品やサービスそのものの機能や性能ではなく、他の利用者の存在や動向によって決まる（たいていは、他の利用者が多いほど価値が高まる）のが、ネットワークの経済性の効果です。

デジタルのテクノロジーが世の中に広まってくると、次第に何らかの製品やサービスを実現するための「コスト」を考える必要が薄れてきます。

というのも、従来はある製品を作ろうと考えれば、その製品の素材を購入し、それを成形・加工・組み立てして製品の形にし、それを販売店や消費者のもとまで運んで売る、というステップを踏まなければなりませんでした。そのためにかかる費用は、下手すれば何千万円、何億円といった金額にのぼっていました。

しかし、デジタルの世界ではそうではありません。今や誰もが持っているスマートフォン上で動かせるアプリを開発するこ

CHAPTER

1
コンピュータ＋データ

2
戦略・マーケティング

3
リーダーシップ・組織

125

とは、10万円以内で手に入れたパソコンをインターネットに接続すれば、ある程度のプログラミングの素養がある人なら誰にでもできます。

1日に100万人がアクセスするウェブサイトも、アマゾン・ウェブサービス（AWS）を使えば月額2万円あまりで運用できます。かつては最低1万枚単位でしか購入できなかったプリント回路の基板は、中国の工場に直接オーダーすれば20枚2,000円程度で手に入ります。

人そのものにかかる費用をのぞくあらゆるコストがゼロに向かって下落していくのが、デジタル技術の世界の法則です。

すると、企業の競争の軸は製品やサービスのコストをいかに下げるかではなく、顧客にとって価値ある何かを作り出し、その価値を高め続けられるかどうかに移ってきます。顧客に日々提供するサービスの価値を高めていくためのさまざまな仕組み・要素のうち、もっとも強力なものの1つが、「ネットワークの経済性」なのです。

ネットワークの経済性がはたらくサービスは、製品やサービスそのものの機能は変わらないのに、利用者数が増えていくことで利用価値が高まっていき、それがまた利用者を増やす、というサイクルに入るため、シェアがあっという間に高まります。

図は、主なネット企業がサービス開始から5,000万人のユーザーを得るまでにかかった期間です。ソーシャルネットワークのフェイスブックが3.6年、ミニブログのツイッターは3年、メッセージングアプリのLINEではなんと1年あまりで、ユーザー数が5,000万人の大台に達しています。

かつて、消費者がお金を払って製品を買うことで生まれていた「利用者数」「シェア」は、今や消費者がお金を払うことな

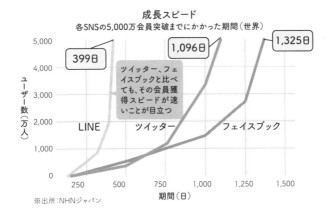

ど気にせず、パソコンやスマホ上でボタンを押すだけで生まれるようになりました。

この簡単さによって、「隣の人が使っていれば自分も使う」というネットワーク経済性の強力な効果がそのまま表れるのが、テクノベート時代のビジネスの特徴なのです。

なぜ「プラットフォーム型ビジネスモデル」なのか

しかし、ネットワークの経済性をはたらかせて猛スピードでユーザーを集め、圧倒的なシェアを取ろうとすることには、問題もあります。

実際、ネットワーク外部性のはたらくサービスである電話や郵便、ファクス、オフィスソフトなどは、いずれも独占禁止法という法律によって厳しく規制されています。

というのも、人々がネットワーク外部性によって一度特定の（もっともシェアの大きな）企業のサービスを選び、市場から他の企業が締め出されてしまうと、生き残った企業は代わりとなるサービスがないのをいいことに暴利をむさぼる可能性があ

るからです。

　たとえば、日本でもっともよく使われているメッセージング
アプリといえばLINEです。LINEの利用は無料ですから、毎
日友だちや家族と何十回もメッセージをやり取りしているとい
う人も多いでしょう。メッセージングアプリには他にもカカオ
トーク、WeChat、WhatsAppなどがありますが、どれも
LINEのように多くの日本人が使っているというものではあり
ません。

　こうした状態で、LINEがもし「明日からLINEのメッセー
ジ送信1回につき100円の料金を徴収します」と宣言したら、
毎日使っているアプリをいきなり他のものに切り替えることも
できない人たちは、高額の料金を強制的に払わされることにな
ります。

　LINEはもちろん巨額の収益を得ることでしょうが、社会的
には大混乱が起きるに違いありません。

　したがって、ネットワーク外部性がはたらいていて顧客に他
の選択肢がない状態での強制的な課金は、独禁法で禁止されて
いるのです。LINEがメッセージサービス自体に課金をしない
のは、このためです。

　では、ネットワーク外部性を活用したサービスを生み出して
ユーザーを集めた企業は、そのサービスに対して対価を得るこ
とができないのでしょうか。

　そんなことはありません。サービスを利用するユーザーに直
接課金することはできなくても、そのユーザーと何らかの「取
引」をしたい別のユーザーを集めて、その人たちから「参加
料」「広告料」などの名目で収益をあげればよいのです。

　こうした、複数のユーザーのグループを集めて価値のやり取

りを仲介し、収益を生み出す仕組みのことを、「プラットフォーム型ビジネス」と呼びます。

プラットフォームという言葉には「土台、基盤」「基本的な部分」などさまざまな意味があり、誤解を招きやすいので、正式には複数のユーザーを持つという意味で「マルチサイド・プラットフォーム（MSP）」と呼ぶこともあります。

プラットフォーム型ビジネスの特徴は、ユーザーにとってプラットフォームをはさんで「反対側にいるユーザー」の存在が、そのまま価値となることが多いことです。

その典型は、メディア（広告）ビジネスです。メディアというプラットフォームの「視聴者」が多ければ多いほど、反対側にいる「広告主」が広告を出すことで得る価値が高まります。

ですから、テレビやネットニュースなどのメディア運営企業は、タダでコンテンツをみせることによって少しでも多くの視聴者を集めようとするわけです。

この時、タダでもよいから少しでも多く集めたいユーザーのことを「優遇ユーザー」、多数の優遇ユーザーがいることによってお金を払ってでもそこに参加したいと考えるユーザーのことを「課金ユーザー」と呼びます（上図を参照）。

何百万、何千万といった優遇ユーザーをプラットフォームに集めることは、確かに大変な費用と時間がかかります。

　しかし、いったん圧倒的な数の優遇ユーザーを集めてしまえば、あとは課金ユーザーが雪だるま式に増えていきます。そして課金ユーザーの提供する価値やその支払うお金によってプラットフォームの機能や利便性が加速度的によくなっていき、優遇ユーザーがさらに集まるという好循環が生まれます。

　好循環が起きればユーザーは相互に影響を及ぼすようになり、プラットフォームの運営企業は黙っていてもどんどん収益をあげることができるようになります。

　グーグル、フェイスブック、アップルといった、プラットフォーム型ビジネスを展開するネット企業は、いずれも20～40％という驚くほどの営業利益率を誇ります。

　これらはいずれも、プラットフォーム型ビジネスの持つ、「雪だるま式好循環」のメカニズムによって生じるものといえます。

レイヤー（化）とは何か

　プラットフォーム型ビジネスが実現する時、その業界や分野ではいくつか特徴的な現象が生じます。

　逆にいえば、それらの現象が起きる可能性を予測しておけば、その業界におけるプラットフォーム型ビジネスのあり方を占うことができます。

　そうした現象の代表的なものの1つが、「レイヤー（層）化」です。レイヤー化が起きていない産業では、ユーザーはさまざまな製品・サービスから1つだけを選んで購入しますが、レイ

ヤー化が生じた産業では製品やサービスを1社がまとめて提供することがなくなり、製品やサービスを構成する「部品」ごとに別の企業・ブランドがそれを提供するようになります。

ユーザーはその産業の提供する機能を利用するために、複数のパーツごとに商品・ブランドを選んで購入し、それらを組み合わせて使うようになります。

少々わかりづらいので、近年レイヤー化が起きた産業を例にしてご説明しましょう。

2007年まで、モバイル通信（携帯電話）を利用しようと思ったら、日本では「NTTドコモ」「au」「ソフトバンク（2006年以前はボーダフォン）」という3つのブランドのどれかを選び、回線と端末購入を同時に契約するのが当たり前でした。

これは、「無線通信網の構築」「その通信網で利用できる端末の開発」「端末の販売と回線の契約」をすべて通信キャリアが行うことによって、モバイルインターネットサービスという高額かつ技術的にも複雑で高度なサービスを、一般のユーザーにとって利用しやすいものにして普及させるために生み出されたビジネスモデルでした。

この結果、日本は先進国でもっともモバイルインターネットの普及した国となりました。

その一方で携帯端末メーカーにとってはキャリアの頭越しに一般ユーザー向けに独自のマーケティング活動を行うことが許されず、キャリアとの緊密な関係のない海外市場ではまったく存在感を発揮できないという弊害も生じていました。

この構造を変えたのが、2007年にiPhoneを発売した米アッ

131

プルでした。アップルは独自のデザインの携帯端末を開発し、同社の直営店舗「アップルストア」で販売したことにより、通信キャリアの販売網を通さずに端末を消費者に選択させるようになりました。

アップルは、CPU（中央演算装置）などの独自部品の企画・設計のみ自社で行い、生産は韓国のサムスン電子などに、端末自体の組み立ては台湾の鴻海精密工業などのEMS（電子機器受託製造サービス）業者に委託していました。

また、端末上で動くアプリケーションソフトについては、流通販売のプラットフォームサービス「App Store」が自社以外のソフトウェア開発業者にも開放されたことから、多くの企業がアプリケーションを開発して販売するようになりました。

この結果、通信キャリアはアップル側が圧倒的に有利な条件で契約しなければiPhoneを自社の販売網で売ることができなくなり、またユーザーも端末と通信回線とを別々に選んで購入することが主流になったのです。

すなわち、iPhoneはそれまで大手通信キャリアだけがユー

2007年以前のモバイル通信産業

通信設備の企画・設置	端末の企画・開発	端末の生産	マーケティング	販売・契約

携帯端末の生産をメーカーに任せる以外は、すべて通信キャリアが担っており、消費者には通信キャリアしかみえていなかった

アップルの「iPhone」登場後のモバイル通信産業（白地がアップル）

アプリケーション	企画	開発	マーケティング	販売
OS	企画	開発	マーケティング	販売
ハード（端末）	企画	開発（生産）	マーケティング	販売
通信回線	企画	開発（設置）	マーケティング	販売

ザーと接する「垂直統合」モデルであったモバイル通信産業を、「回線」「端末」「OS（基本ソフト）」「アプリ」の4つのレイヤー構造に切り分けたうえで、「端末」と「OS」を自社ブランドで提供しつつ、「回線」と「アプリ」はそれぞれ他社のブランドをユーザーが選んで使えるように変えたといえます。これが「レイヤー化」です。

レイヤー化がもたらしたもの

iPhoneによる携帯電話産業のレイヤー化によって、ユーザーはそれまでの通信キャリアが売る端末・回線一体型の携帯電話から、より多くのソフト開発業者が世界規模で参加するアップルやグーグルによる「スマートフォン」へと移行し、通信キャリアはこの分野におけるそれまでの主導権を失うことになりました。

レイヤー化によって生まれるのは、このような1つの企業のサービスに多くのパートナーが参加して新たな付加価値を生み出すビジネスの仕組みです。

こうした仕組みのことを、「エコシステム（生態系）」と呼びます。

多数の企業によるエコシステムが形成されるようなビジネス、すなわちプラットフォーム型のビジネスにおいては、単独の企業が知恵を絞って作るよりもずっとスピーディに、しかもはるかに多種多様なユーザーのニーズに応える製品・サービスを作ることができるようになります。

皆さんの所属する産業では、今後レイヤー化が起きる可能性があるでしょうか。それを見きわめることが、プラットフォー

ム型のビジネスモデルへと業界が変化し、ネットワークの経済性が生じるかどうかを知る手がかりになるのです。

CHAPTER

1 コンピュータ+データ

2 戦略・マーケティング

3 リーダーシップ・組織

キーワード

ネットワークの経済性、プラットフォーム、マルチ・サイドプラットフォーム、課金ユーザーグループ、優遇ユーザーグループ、レイヤー（化）、エコシステム

プラットフォーム型ビジネスを作る

 SKILL

10

ここでの学び

- **ニッチ顧客**：数は少ないが先鋭的なニーズを持ち、ビジネスの起点となりうる顧客層
- **体験（経験）**：身をもって感じる一連の出来事。近年のマーケティングにおいて重視されている
- **データ資産**：過去に収集したデータ。それにさまざまな資産的価値があることを含意する

POINT

プラットフォーム型のビジネスは製造業やサービス業とはあらゆる面で異なる。その特性を理解し、適切なステップを踏んでそれを構築できた時、強固な市場地位につながる。

プラットフォーム型ビジネス構築の4つのステップ

前節では、プラットフォーム型のビジネスモデルの有効性を説明してきました。しかし、プラットフォーム型ビジネスは、ある日突然出現するわけではありませんし、自社のビジネスをプラットフォーム型へとすぐに転換できるわけでもありません。

プラットフォーム型ビジネスモデルの事業を生み出すには、大きく4つのステップを踏む必要があります。そしてそれぞれのステップで注意すべきポイントがあります。

（1）できるだけニッチな顧客層を狙え

プラットフォーム型ビジネスモデルの対極にあるのは、「パイプライン型ビジネスモデル」です。すなわち、企業が自社で生産した（もしくは下請け会社などに生産させ、自社のブランドを冠した）商品を、自社の力で集めた顧客に提供するパターンです。

パイプライン型ビジネスでは、製品・サービスを作るのも売るのも自社の組織ですから、組織のメンバーが混乱しないようにするためにも、できる限り同一の製品・サービスを同一のタイプの顧客に同一の方法で売ることが重要です。

そして、これをなるべく大きな規模で実現できた、つまり市場のもっともメジャーな部分を総取りできた企業が、もっとも効率的に、高い収益を手にすることができます。

したがって、多くの企業はできるだけメジャーな市場を狙うことを最初に考えます。

しかし、プラットフォーム型ビジネスは、これと正反対の考

137

え方から出発します。

プラットフォーム型ビジネスで、顧客に製品・サービスを提供するのは、プラットフォームを提供する企業ではなく、そのプラットフォームを利用する数多くのパートナー企業や、場合によってはユーザー同士です。それぞれの企業やユーザーは、異なる作り方・売り方で製品・サービスを顧客に提供できます。

ということは、市場の中でもっとも均一な顧客層を取り込む必要がないのです。

むしろ、他の多くの企業が「効率が悪すぎる」と切り捨てた、特殊なニーズを持つニッチな顧客層を狙って製品・サービスを提供することによって、その顧客を熱烈なファンにすることが可能になります。

成功したプラットフォーム型ビジネスの事例をみていくと、どれも当初は誰からも見向きもされないきわめてニッチな顧客層のニーズに狙いを定めていたことがわかります。

たとえば、今は世界最大の宿泊プラットフォームとなったエアビーアンドビー（Airbnb）は、創業当初「国際会議やイベントなどで宿泊客が集中する期間に、自宅の一室を宿泊場所として提供する」ためのプラットフォームでした。年に数回しか開かれないイベントのためだけに、その会場近くにわざわざホテルを建設しようという企業はありません。

誰も相手にしなかった超ニッチな市場ニーズに狙いを定めたエアビーアンドビーは、2012年のロンドン五輪をきっかけに世界中の旅行者に認知されるようになり、気がつけば今や世界のあらゆるホテルチェーンよりも多くの「宿泊場所」を抱えるプラットフォームとなったのです。

（2）顧客に「最高の体験」を提供せよ

　狙う顧客層が決まったら、その顧客がこれまでみたこともないほど「最高の体験」を作り出すのが、次にすべきことです。

　ここで重要なことは、個々の顧客に提供される製品やサービスを最高にするのではなく、それらの製品やサービスを選んだり、それらについて意見を交わしたりするプロセスも含めた、顧客のたどる「体験」全体を最高にすることであるというのが、プラットフォーム型ビジネスのポイントです。

　ユーザーによる料理レシピの共有プラットフォームである「クックパッド」の事例を用いて説明しましょう。クックパッドの製品とはユーザーが投稿したレシピですが、プラットフォームとしてのクックパッドは投稿されるレシピの完成度をあげるのに注力しているわけではありません。

　もちろん、最低限実際に料理して食べられるレシピかどうかはスタッフによってチェックされますが、それよりも重要なのは、クックパッドにおいて「サイトを訪れて料理や素材の名前でレシピを検索し、表示されたレシピをみながら料理する」というユーザーの一連の体験が、最高のものとなるような無数の工夫がなされていることの方です。

　クックパッドのレシピ投稿画面では、材料名は最初の数文字を入れると自動的に食材名の候補リストが表示される他、レシピの紹介や手順は各60文字までしか入力できないようになっています。

　これは、いずれもレシピの投稿をできるだけ簡単にしつつ、

読む人にとってわかりやすくするための工夫です。また、料理の写真を投稿すると、明るくないところで撮影した写真でも美味しそうにみえるように、明るさや色調が自動で調整されて表示されるようになっています。

　レシピ検索にしても、「キャベツ」や「にんじん」といった素材名だけを入れて検索するユーザーは、その素材が冷蔵庫の中にたくさん余っていることが多いという分析結果から、それらの素材を大量に使ったレシピが優先的に表示されるようになっていたり、「男爵」や「メークイン」といった品種名で検索するとその品種を使ったじゃがいも料理のみが表示されるようになっていたりと、レシピを探すユーザーにとってかゆいところに手が届くような機能がたくさん盛り込まれているのです。

　従来のビジネスではどうしても個々の製品やサービスの品質をよくすることにこだわってしまうものです。一方で、プラットフォーム型ビジネスでは、ユーザーが利用する個々の製品やサービスではなく、そのプラットフォームを利用するという一連の「体験」をどれだけスムーズで楽しいものにするかに焦点を当てて改良を繰り返さなければならないのです。

　顧客の体験、経験に関する重要性については、スキル12で改めて触れます。

（3）ユーザー同士が「価値を伝え合う」仕組みを作れ

　プラットフォーム型ビジネスでは、プラットフォームを作りあげる企業自体は製品やサービスを提供しません。一部、自社で提供する場合もありますが、実際に大半の製品やサービスを提供するのはパートナー企業や別のユーザーといった、プラッ

トフォーム企業以外の人たちです。

プラットフォーム企業がユーザーに対して提供しているのは、それらの製品やサービスを利用する「体験」という、目にみえないものだけです。

独自の製品やサービスを自社で作らず、他人任せにしている企業が、果たして他の似たような製品やサービスを提供する企業との競争に勝てるのか、不安に思われる人も多いでしょう。そもそもプラットフォーム型ビジネスの「競争力」とは、何によって生まれるのでしょうか。

これまでご説明してきたように、プラットフォーム型ビジネスとは一つ一つの製品やサービスではなく、それらをパートナー企業やユーザー同士に提供させ合うことによって、1企業では対応できない多様で細かい顧客のニーズに応えるビジネスモデルです。

ということは、そのプラットフォームが顧客の個別のニーズにどれだけきめ細かく応えられるかが、プラットフォームの競争力そのものであり、それは「反対側にいるユーザーのニーズに応える製品やサービスを作ろうとするパートナーやユーザーの数」によって決まります。

インターネットでサービスを提供している企業の多くが、当初は無料でそれを提供したり、時には大々的に広告宣伝したり、懸賞やポイントを気前よくプレゼントしてまでユーザーを集めようとするのは、これが理由なのです。

最初から百万・千万単位のユーザーが集まらなければ、プラットフォームとして成り立たない、すなわち競争力が生じないと考えるからです。

もちろん、ただ無数のユーザーを集めるだけで競争力が生まれるわけではありません。

　集まったユーザーが相互に価値を生み出し、それを継続的に提供し続ける状態を作り出す必要がありますし、その相手が多ければ多いほど、製品やサービスが自分のニーズに合ったものになるという価値の高まりを、受け手のユーザー側に実感させなければなりません。

　機械式駐車場運営最大手のパーク24は、駐車場用地を提供する地主と駐車場にクルマを駐めたいドライバー、両方のユーザーを日本でもっとも多く抱えるプラットフォーム企業です。

　パーク24は2017年7月現在、全国で68万台と、2位の企業の3倍以上の駐車スペースを有しています。そのメリットは、「タイムズクラブ」の会員になると実感できます。つまり、ドライブで行くたいていの場所に、タイムズの時間貸し駐車場があり、「空き」があることがわかります。

　一方、タイムズの駐車場を優先的に探して利用するドライバーが多ければ多いほど、駐車場用地を提供した地主にもメリットが生じます。

　パーク24に土地を貸して駐車場運営を委託すると、他社よりもよい条件の地代が提示されるのです。通常、駐車場の賃貸借契約は業界平均で3年半といわれますが、パーク24の平均契約年数は7.5年と圧倒的に長く、地主から強く支持されていることがわかります。

（4）資産を活かして隣接エリアに事業を拡大する

　プラットフォーム型ビジネスの競争力の源泉は、そのプラットフォームを利用するユーザーやパートナーの数と、ユーザーに提供される製品やサービスの流れに関する情報です。

　つまり、どのような製品やサービスをどのようなユーザーが好むのかといった、利用状況に関する膨大なデータを集めることで、個々のユーザーに最適な製品やサービスをマッチングすることができるようになります。

　ユーザーがある製品やサービスを利用するまで、あるいは利用している状況に関するデータは、次にユーザーがどのような製品・サービスを使って何をしようとするか、それを最適な方法で実現するためにはどうしたらよいかといった予測も可能にします。

　つまり、プラットフォーム型ビジネスを行う企業は、自社の製品・サービスだけにこだわらず、ユーザーの求める隣接領域の製品・サービス提供にまでプラットフォームの事業を広げていくことができるということです。

　その一例が、建設機械大手・小松製作所（コマツ）です。同社は自社の生産・販売する建設機械に無線通信機能をつけ、車両の保守管理や盗難防止、省エネサービスなどを提供するプラットフォーム「KOMTRAX（コムトラックス）」を構築したことで有名ですが、このコムトラックスで得られたデータも活用しながら、建設機械の顧客の携わる業務全体を最適化するサービスに事業を拡大しようとしています。

　コマツが2015年から開始した「スマートコンストラクショ

ン」と呼ばれるこの新しいサービスは、建機を使っている顧客の業務情報全体をクラウドプラットフォーム「KomConnect（コムコネクト）」上に蓄積し、ドローンを用いた工事現場の測量・地図作成、施工完成図面の3次元化と現場との比較、工事計画のリアルタイム・シミュレーション、建機による施工の自動化、施工実績データの管理など、建設現場のさまざまな問題を解決するものです。

　建設現場の管理業務は今も多くが担当者の経験と勘によることが多く、データに基づく最適化があまりなされていなかったことから、このサービスは施工現場の大幅な効率化や工事品質の向上につながると評価されています。

　また、コムトラックスはコマツの建機だけのプラットフォームですが、コムコネクトに対しては他社の建機や機械なども接続できるようにしてあり、土木建築分野全体のプラットフォームになりつつあります。

　これも、自社のプラットフォーム型ビジネスが持つデータ資産を、コマツが顧客のために徹底活用する方法を考えた結果といえるでしょう。

CHAPTER

1

コンピュータ＋
データ

2

戦略・
マーケティング

3

リーダーシップ・
組織

キーワード
ニッチ顧客、体験、データ資産

145

CHAPTER2

テクノロジーが与える影響を予測する

 SKILL

11

ここでの学び

- **自律的消費行動**：自分の関心事に徹底的にこだわる消費行動
- **偶発的消費行動**：予測できないことに対するわくわく感に支えられた行動
- **デジタル・トランスフォーメーション**：デジタル時代に必要な事業や組織の変革
- **3SO**：サービス化、ソーシャル化、スマート化、オープン化の4つを指す。デジタル・トランスフォーメーションの中心となるコンセプト

POINT

人間の消費行動はこれから大きく変わり、いくつかのタイプに先鋭化することが予想される。そうしたニーズや消費者の行動に対し、ITを用いて企業が価値提供をできる状態を作ることが課題となる。

消費者はデジタルのテクノロジーによって
どう変化するのか?

デジタル技術の普及がもっとも大きく変えたのは、人々が「価値」と感じるものの内容やその意味合いでしょう。それによってライフスタイルや人々の価値観そのものが、デジタル技術の登場以前と比べて大きく変わってしまいました。そして、それはこれからますます変わっていきます。

そうしたデジタル技術の進化がもたらした変化の中身と、それによるライフスタイルや価値観の変化、これからの世の中のあり方やビジネスへの影響についてみてみましょう。

デジタル技術がもたらしたものは数えきれないほどあります。たとえば、私たちは昨今、コミュニケーションの多くをメールやメッセンジャーといった「非対面・非同期」な手段で行うようになりました。

若年層の人たちは、「職場の会議に時間を取られる」ことに嫌悪感を持ち、電話のことを「相手の都合も考えずにいきなり呼び出して話しかける失礼な行為」と考えるようにすらなっています。

しかし、電話よりもメッセンジャーでの会話を好むことが、私たちのビジネス、すなわち「消費の動向」にどのような影響を及ぼすのかというところまで考えなければ、それを知ったところで大した意味がありません。

経済産業省が2017年3月に公開した「消費者理解に基づく消費経済市場の活性化」研究会の報告によれば、デジタル技術のますますの進展によって、2030年までに消費者の消費の目

的や価値観は大きく変わると予測されています。

その変化の方向とは、大きく次の3つのパターンに分けられます。

①自律的消費行動

自らのこだわりを徹底的に追求し、消費を自らコントロールする消費行動。

好きだと思ったものについてはとことん研究しつくし、販売者をはるかに上回る知識や分析をもってよいと思う商品やサービスを探し出す、または自分が欲しいものを自分で作ってしまう。その調査・分析・選定・製作のプロセス自体を楽しむ。

②他律的消費行動

自分に合ったものが欲しいが、数ある選択肢の中から自分で選ぶ手間を省き、効率的に最適解を得ようとする消費行動。

削減できる手間は削減して自由な時間を増やしたいと考え、そのためにビッグデータ解析や人工知能を使った商品・サービスのカスタマイズやレコメンデーション（おすすめ）を求める。

③偶発的消費行動

予測できない出来事に遭遇する時のわくわく・ドキドキ感を味わいたいとか、たまたま自分の気に入る商品・サービスを発見したいといった消費行動。

①や②のパターンの消費行動に飽きた消費者が、購買前と購買中（後）の両方で価値を見出すことができる。

これらの3つの消費行動のパターンは、いずれもデジタル技

術が広く普及する前から存在していたものです。

　たとえば、①は1980年代にサブカルチャー（マンガや映画、ゲームなど）の領域で始まった、いわゆる「オタク」と呼ばれる消費パターンであり、80〜90年代を通じて消費市場における「ニッチ（すきま）消費」とされてきました。

　②はホテルやカード会社の提供するコンシェルジュ、③は宝くじやカジノなどの賭博、またお化け屋敷などのエンターテイメントが、そうした消費傾向をとらえる代表的な商品・サービスですが、いずれも広く誰にでも使われるものではありませんでした。

デジタル技術は消費者の感じる「偶然」「幸運」まで演出する

　デジタル技術の進歩と高度化によって、この認識は大きく変わりました。

　消費者側の情報収集能力は劇的に高まると同時に、社会的常識や所属する集団の嗜好に合わせなくても個人のこだわりに忠実に消費することを認める商品・サービスが一般化するようになり、そうした商品やサービスには巨大な潜在的需要があることが徐々に知られるようになりました。

　さらに、デジタル技術によって消費者の行動履歴やコミュニケーションに関する詳細なデータが蓄積されて分析にかけられるようになり、個人単位での高度な需要予測が可能になってきました。

　また、オープンIDを使った個人の特定や、ソーシャルメディアを通じた個人への働きかけができるようになったことで、その予測結果を活用しながら個人が「欲しかった」ものをその場

で即座にすすめることができるようになりました。これが②の他律的消費行動につながっていきました。

そして最近注目を浴びつつあるのが、③の偶発的消費行動の増加です。

たとえば、日本航空が2016年12月に始めたマイレージ顧客向けの特典航空券のサービス「どこかにマイル」は、その典型です。ウェブサイトで旅行に行きたい日時と人数などを入力すると国内の4カ所の空港がランダムに表示され、申し込むとたまったマイレージをその4カ所の「どこか」へ行けるチケットに交換できるというものです。

マイレージがたまっていても、とくに交換して欲しいものも旅行に行きたい先もない、という旅慣れた顧客にとって、たまたま訪れる旅先での旅行の計画を立てたり、思いもかけなかった宿に出会ったりといった楽しみが得られるユニークなサービスですが、日本航空は決してこの4カ所の行き先を完全に「ランダム」には選んでいません。

その顧客が過去にどこに行ったことがあるのかないのか、どういう組み合わせで4カ所の空港を提示すれば顧客が「この中のどこかであれば行ってみたい」と思って申し込むかといったデータは、徹底的に蓄積・分析しています。そのうえで「偶然」を装い、個々の顧客に最適化された選択肢を提示しているわけです。

この「どこかにマイル」でもわかるように、購入という時点を軸にみてみると、偶発的消費にはある特徴があります。

それは、①の自律的消費が主にその前にたっぷりと時間をかけて楽しむもの、②の他律的消費がそれまでに必要な時間を大

150

幅に短縮し、その後の時間の満足度を高めるものであるのに対して、③の偶発的消費は購入前の「わくわく・ドキドキ感」と購入後の「ラッキー感」の両方を楽しむことのできる、まさに高度なデジタル技術によって生み出された商品・サービスであるということです。

あらゆる企業の提供する価値は分解され、再定義される

日本航空のケースをみてもわかるように、デジタル技術の進展とそれにともなう消費者の変化は、企業に自身のビジネスの意味、すなわち「顧客提供価値」の再定義を求めます。

つまり、**顧客を起点にして検討した結果、自社の事業領域をそれまでとはまったく別のところに移す企業も生じるようになります。このような変化を「デジタル・トランスフォーメーション（変革）」と呼びます。**

たとえば従来、航空会社に求められている顧客提供価値は「安全かつスピーディで快適な移動」でした。しかし、今やその中に「思いがけない幸運の演出」「未知なる土地への冒険」といったものが含まれ始めたことを、日本航空の「どこかにマイル」のヒットは示しています。

もちろん、これらの価値を航空会社ではすべて提供できません。せっかく行ったことのない空港まで行ってみようと消費者が思い立ったとしても、宿泊施設や観光地探しに手間がかかったり、宿のサービスが当初の「わくわく」に見合わないものであったりすれば、がっかりさせるだけです。

すでに日本航空をはじめ世界の主要航空会社の多くがそう

なっていますが、そうした顧客の不便を解消するため、航空会社のウェブサイトは行き先のホテルやレンタカー、オプショナルツアーといった旅行商品を同時に買えるようになっており、かつて旅行代理店が持っていた「旅のトータルコーディネート」の役割も持つようになっています。

　日本航空はこの「どこかにマイル」のサービスでも、顧客の期待にそぐわない旅行とならないように、未知の行き先とともに適切な宿泊施設との連携や訪問の時期にあわせた最適な観光地を提案するなど、他の事業者とも協力して顧客への提供価値を高めていく工夫が求められることになります。

　日本航空はもはや「旅客機を運航する」という従来の意味での航空会社ではなく、「ホテルなど他の旅行商品と航空券の最適な組み合わせ」や「旅先での意外な発見や幸運」などといった価値を提供する企業になっていくのかもしれません。

　それらの価値がデジタル技術によってきわめて高度なレベルにまで磨きあげられた時には、これまでの「日本航空」という旅客機運航事業の枠を飛び出し、同社の定義を変えてしまうかもしれません。

　他のあらゆる旅客運送事業の会社の顧客データも使って「あらゆる人が意外性や驚き、そして幸運を感じる旅先を提案する」事業が、やがて同社の主力事業となる日がやってくることもありうるというわけです。

デジタル・トランスフォーメーションを実現・加速する4つのコンセプト

　デジタル技術の活用やそれにともなう消費者のニーズの変化にあわせた企業の変革、すなわちデジタル・トランスフォーメーションは、大きく分けて4つのコンセプト（考え方）から成り立っています。それは「サービス化」「ソーシャル化」「スマート化」「オープン化」です。4つの要素の頭文字を取って、「3SO」と呼ぶこともあります。

　そして、その4つのコンセプトを支えるのが、ソーシャルメディア、モバイル端末、API／アナリティクス、クラウド、スマートマシン／センサーなど、頭文字を取って「SMACS」と呼ばれるデジタル関連の要素技術です（下図参照）。

デジタル・トランスフォーメーションの概念とその構成要素

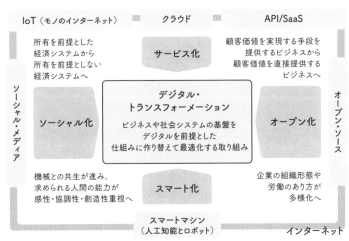

※出所：ITMediaオルタナティブ・ブログ「【図解】コレ1枚でわかるデジタル・トランスフォーメーション」
http://blogs.itmedia.co.jp/itsolutionjuku/2016/03/post_214.html

4つのコンセプトの背景には、デジタル技術によって可能となった次のような変化があります。

①サービス化

従来は顧客が「所有」することを前提に「販売」するものだった商品を、一時的に「利用」できるサービスとして提供することです。その代表はコンピュータでしょう。

かつて数百万円から数億円ものカネをかけて買い揃えなければならなかった大規模な情報システムを動かすサーバコンピュータ群は、今やインターネット上にある「クラウドコンピュータ」を、時間あたり数百円単位で利用することが可能になりました。モノそのものではなく、そのモノが実現する結果を提供するようになったのです。

②ソーシャル化

従来、ユーザーが単独で利用していたサービスを、インターネットを通じた双方向のコミュニケーション、SNSの要素を加えることによって、従来にはなかった価値が生まれるようになりました。

たとえば、新聞やテレビといったニュースメディアのサービスは、ソーシャルメディアで「知り合いの誰かが『いいね！』と評価した」といった情報が付加されることによって、人々の関心を劇的に高めることになりました。

また、そうした評価情報そのものが、一般の人の中から「カリスマ○○」といったスターを生み出し、新たな価値の創出につながっています。

③スマート化

半導体の小型化とネットワークにつながったソフトウェアの機能の高度化によって、従来はただの「道具」であったようなものにも高度な情報処理の能力を付加することで新たな価値が生まれています。

腕時計に、心拍数や気温、周囲の明るさなどを計測するセンサーとインターネットにつながって通信のできるソフトウェアを搭載すれば、ただ時間を知るだけでなく、メールやメッセージといった連絡をすぐに受け取ったり、日々の健康や運動量を管理して体調が悪い時には自動的に医師に連絡を取ったりすることもできます。機械に複数の高度な役割を持たせて、人間の役に立てることができるようになったのです。

④オープン化

これらの変化はきわめて急速に、産業の枠組みを超え、社会全体で起きていることです。

1人の人や1つの企業がいくら知恵を絞っても思いつかないような斬新な商品・サービスを生み出していかなければならない一方、それら新しい商品・サービスを実際に多くの人が利用できるものにするためにも、幅広い人々からの意見を取り入れることが欠かせません。所属や立場、価値観の異なる人たちともつながり、広く多くの人の協力や意見を集めることで、よりスピーディに画期的な価値が生まれるようになっているのです。

世の中には、デジタル・トランスフォーメーションを、3SOを支えるこれらの技術要素を自社の情報システムに取り入れることであると理解している人が多いですが、それは誤りです。

単に個別の技術要素をつまみ食いのように取り入れるのではなく、自社のビジネスの顧客提供価値やその実現のためのビジネスモデルを、3SOの影響を受けた新しい消費者のニーズを意識したものに変えていくことが、本当のデジタル・トランスフォーメーションなのです。

キーワード

自律的消費行動、他律的消費行動、偶発的消費行動、デジタル・トランスフォーメーション、3SO

CHAPTER2

→ SKILL

12

ITのマーケティングへの影響を理解する

ここでの学び

- **データ・ドリブン・マーケティング**：マーケティング施策は可能な限りデータを活用して決められるべきという思想に基づき、ビッグデータに限らずあらゆるデータを用いるマーケティングの考え方
- **ワン・トゥ・ワン・マーケティング**：顧客一人一人にカスタマイズされた製品・サービスや売り方を提供するマーケティング手法。概念は古くからあったが、実現は難しかった
- **新しいCRM**：消費者のすべてのブランド体験を考慮した顧客関係重視のマーケティング
- **MOT**：大切な経験の瞬間

POINT

ワン・トゥ・ワン・マーケティングが、テクノロジーの進化に伴うデータ活用によって実現しようとしている。その時々の感情も踏まえたうえでどのような体験を提供するかなど、新しいCRMが重要となる。

158

マーケティングには根拠が必要

　ここまでは戦略論、ビジネスモデルの視点から解説を進めてきました。スキル12とスキル13では、より身近なマーケティングについてもう少し詳細をみていきます。

　さて、マーケティングというと皆さんはどのような業務のイメージを持つでしょうか。
「タレントを使った広告を作る」「商品の値段をつける」「チャネル戦略を考える」……。
　確かにその通りなのですが、このようなマーケティング活動の企画や施策の根拠はどうやって作られるのか考えたことはあるでしょうか。たとえば、商品であれば、認知度、広告であれば好感度といったものです。
　マーケティングを実行する際にはさまざまなデータに頼る必要があります。しかし、そのような論拠となるデータが自社向けにあつらえたように都合よく落ちてはいません。必然的に、それらのピンポイントで必要な情報を知るためには、何よりもマーケティング・リサーチを行うことが重要です。
　しかし、最近までは、調査といえば対面で人に会って聞き取りを行うか、調査票を郵送して回収する、せいぜい電話で話を聞くことが必要で、最低でも数カ月単位の時間と、膨大な作業を行うための多額のお金が必要でした。このため、「データをみて考えたいけど、予算もないし、えいや！」で勘と経験に頼って施策を行ってしまう場面が多かったのです。

　しかし、昨今では、マーケティング・リサーチはインター

CHAPTER

1
コンピュータ＋
データ

2
戦略・
マーケティング

3
リーダーシップ・
組織

159

ネットを活用して瞬時に行うことができるようになりました。回答も画面を通してとなり、紙と鉛筆で記載してもらう必要もないため、動画をみて回答をしてもらうことも、通常の調査サービスの範囲内で可能になりました。

それどころか、集計も、最初から回答がデータ化されて集められるので、ある程度は自動化されています。自動化されていない部分も短期化され、納品もすばやくなっています。多変量解析を使った複雑な集計や、実際にテキストで書き込まれた回答を解析するテキスト・マイニングに代表される、扱いにくいデータの分析も進化しました。

また最近では、会議をしながら、調査対象者に質問を投げて、その回答を会議に反映しながら企画を進めることもできるようになってきました。マーケティング・リサーチの世界は、テクノロジーの進歩で一変してしまったのです。

データ・ドリブン・マーケティングの時代へ

技術の進歩にともない、データも次々と集まるようになりました。たとえばウェブサイトのログデータ。1つのデバイスから自社サイトに来た人が、どのページから入ってどのページをみたのか、どの程度の時間ウェブサイトに滞在していたのか。また再び帰ってくることはあるのかどうか。

これらは、ページにタグ（ウェブページのソース上に埋め込む数行のデータ。ウェブを普通にみている分にはみえない）を埋め込むだけでウェブ解析ツールが使えるようになり、わかるようになります。たとえばグーグルの提供するグーグルアナリティクスは無料でこれらの情報を提供してくれます。

何かのデジタル商材を購入したり、会員になる時に「〜に同

意しますか？」という質問を投げかけられた方も多いでしょう。多くの場合、クッキー（Cookie：ウェブサイトへの訪問履歴や利用内容などをデータとしてパソコン内に一時的に保存するための仕組みやそのファイル）の利用を許諾してしまっていることも多いのです。

クッキーを受け入れてもらえれば解析できるデータはさらに豊富になります。

また、セールスフォースなどのクラウドサービスを利用すれば、比較的安価に、CRM（Customer Relationship Management：カスタマー・リレーションシップ・マネジメント）やSFA（Sales Force Automation：セールスフォース・オートメーション）のシステム導入が可能となり、詳細な顧客のデータベースが構築できるようになりました。

営業日報はもはや手書きではなく、PCやiPadなどのタブレットでの報告が一般的で、今までは「営業社員の黒い革の手帳」にしか入っていなかった顧客のデータはSFAやCRMのシステムを通じてデータベース化され、会社の共有財産となり、データとして分析できるものになっています。

2018年現在でもすでにデータに基づいて、さまざまなことを予測することができるようになっています。

たとえば、初めてサイトにきて、メールアドレスを登録した人が、それまでにどのページを何度みていたか、その後営業担当者といつ何回会ってどんなやり取りをしたか、さらには購入してくれた後に、SNS上で何を発信しているかなどです。

マーケティング施策を実施した時にこれらのデータをみるこ

とで、個人個人の動きがわかり、データによって施策の効果を測ったり、予測の裏付けが取れるようになってきたのです。

この結果、最近よくいわれるデータ・ドリブン・マーケティングが可能になってきました。

データ・ドリブン・マーケティングとは、今まで予測ができなかったマーケティング上の物事が、データによってある程度の予測がタイムリーに可能になったことを利用してマーケティングの戦略を立て、プランを実行し、その検証もデータに基づいて即座に行うことを指します。その活動は、すべての会社のマーケティング活動に及ぶものであり、業態やツールに限定されず、誰もが行わなくてはいけないマーケティングの考え方となってきたのです。

ワン・トゥ・ワン・マーケティングの次元があがる

こうしたデータ・ドリブン・マーケティングの考え方は、購買前の見込み客も含めた顧客の行動をデータで明らかにすることが基本となっています。これを利用して、とくにデジタル上の接点が顧客との間に多いIT企業を中心とした各社が、各個人にカスタム化したマーケティングを行うことが当たり前になっています。

フォレスターリサーチの2014年の調査によると、消費者の45％は、自分にカスタマイズされたサービスや経験により多くのお金を使うそうです。単なる物理的機能ではなく、品質やサービスにお金を払うというのはすでに知られたことですが、それだけではなく、自分にあつらえられた、独自の経験にお金を払うということです。

あなたへのおすすめは、たとえば、動画視聴サイトであれば、

自分の嗜好やそのサイトに来るに至った行動履歴（○○のサイトで△△という言葉で検索してやってきた。他に□□のサイトもみている、など）をベースに、自分にカスタマイズされた状態で提供されます。こういった自分にだけの情報やサービスを提供されることを人は好むのです。事実、アメリカなどではそうしたサービスを提供している企業は、IT企業のみならず、ホテルなどのサービス業にも広がっています。

多くの人にとっては、他の人と画面を比べることはなかなかないので、自分が利用している画面がカスタマイズされていることにすら気がつかずに利用しているのが実態かもしれません。データ・ドリブン・マーケティングが可能となったことで、まさに、それまでコンセプトにすぎなかったワン・トゥ・ワン・マーケティングがマーケティングの考え方の主役となる時代がやってきたのです。

ドン・ペパーズとマーサ・ロジャーズが『ONE to ONEマーケティング』を上梓したのは1993年です。その時から、マーケターは、顧客が一生に使うお金を100％として考える、カスタマー・ライフタイム・バリュー（CLTV）の考え方を意識するようになりました。

そして、カスタマー・ライフタイム・バリューの中でのシェアをどう取るか、つまり、シェア・オブ・ウォレットを考えるようになったのです。

商品を中心に考え、広くあまねく、なるべく多くの人に受けそうなポジショニングを考え、それをなるべくシンプルにわかりやすく、なるべくたくさんの人に宣伝して、反応した人に商品を買ってもらうのが一般的なマーケティングの考え方でした。

しかし、その逆に、その人が、その商品をどうみてくれれば買ってくれそうかを考え、商品の多くの特徴の中でも、その相手にぴったりな側面を宣伝して購入してもらい、気に入ってもらって、何度も買ってもらう方がよいだろう、という考え方を取り入れるようになったのです。

当時はよく「釣りは魚のいるところで、その魚が好むエサとともにするべし」といったことがいわれたものです。

1995年の段階では、「釣りは魚がいるところでしろ」といわれても「ではどこに魚がいるのか？」に対する答えはあいまい模糊としていました。またその魚が好むエサをスピーディに、何種類も用意することはできませんでした。

企業も、自社の顧客データベースを構築し、少しずつ顧客に対してCRMを開始してはいたものの、そのCRMの概念は「何度も買ってくれそうな顧客に、買いそうなタイミングで購買を提案する」ということにとどまっていたといえるでしょう（下図参照）。

RFM分析（Recency（最近購買した日）-Frequency（購買頻度）-Monetary（富裕性）に関する分析）による顧客への働きかけなどはその例です。つまり、砂糖を買う購買サイクルが1カ月に1袋の人に、1カ月ごとにリマインダーを出すというレベルが限界だったのです。

この潮流に変化が訪れたのは、2000年代も後半に入り、テクノロジーを駆使したデータベースが構築されるようになってからです。

顧客データベースに基づいたワン・トゥ・ワン・マーケティングは、実施する、しないで、売上がダイレクトに変わることもあって、とくに欧米の会社を中心に、マーケティングへのシステム投資は加速しました。

この過程で、顧客は単にタイミングでものを買っているわけではなく、どのような購買にせよ、その購買の経験そのものを重視しているということが次第に明らかになってきました。スキル10、スキル11でもみたように、「経験」が非常に重要な意味を持ってきたのです。

さらには、購買する時には、それまでの時点でどのようなブランドとの関わりを持っているかが大きな要因として働いているということもわかってきました。

要するに、**買うタイミング以外でも、また、商品とは直接関わらないことであっても、消費者のすべてのブランド体験が、購買に関わっていると考えられる**ようになってきたのです。言い換えれば、新しいCRMの考え方が生まれてきたのです。

顧客がそのつど合理的に物事を考えて購買するのではなく、それまでの経験などもベースに半ば無意識的に製品・サービスを購入することを考えればそれも当然です（次ページの図参

165

照)。

　とくに嗜好性の高い消費財の場合は、累積して深層心理に刷り込まれた「好き嫌い」などの情緒が大きな役割を果たすこと

も直観的に理解できるでしょう。

2010年代に入ると、クラウドサービスが加速度的に進化しました。

そして、ここ数年はDMP（Data Management Platform：データ・マネジメント・プラットフォーム）、MA（Marketing Automation：マーケティング・オートメーション）、SFA、CRMというデータを管理する流れも整備され、理論上は「名前もわからない状態のリード」の情報から、ロイヤル・ユーザーとなったすべての顧客の情報を、個人別に一気通貫でみることができるようになったのです。

その結果、マーケティングは、顧客経験を業務の中心にすることが基本になり、一人一人の顧客にどのような企業との接点（タッチポイント）がありMOT（大切な経験の瞬間。Moment of Truthの略）を経てもらうことで、ロイヤルな顧客になってもらうか、つまりブランド戦略に基づいたうえで、顧客のカスタマー・ジャーニーを設計し、実現するという業務に変わっています。

これを実現しようとすると、当然、会社の組織のあり方も顧客中心に変えていく必要が生まれます。たとえば先進的な事例としては、アメリカのデルタ航空などが、カスタマー・ジャーニーに沿って組織全体を組み替えたことが知られています。

ただし、これは多くの日本の企業にとってはまだ理論上の話です。実際には、欧米の企業であっても多くのデータベースはまだ独立して存在してしまっており、結果として各データがサイロ化（独立化）してしまっている場合が多いからです。

167

しかし、無名の消費者から自社のロイヤル顧客までを段階別に個別にデータ把握できるプラットフォームが一般化してきたことで、それまでマーケティングの全体戦略の部分部分での個別のデータや施策の最適化を提供する役割として別扱いされていたデジタル・マーケティングが、マーケティング戦略全体構築の屋台骨を支える存在に変貌しつつあるのです。
　その意味でも、ますます、データ・ドリブン・マーケティングの重要性は増しているといえるでしょう。

　この環境では、何とかサイロ化したデータをつなぎ、顧客の情報を一気通貫してみることが売上につながると考えるのは、データを扱う者としては当然の欲求です。
　世界においてマーケティングに対するシステム投資は、すで

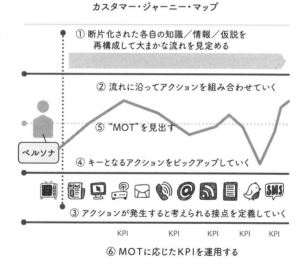

にIT部門の扱うシステム投資額に肩を並べています。その大きな原動力がここにあるのです。

　顧客データの一気通貫が可能になれば、図に示したようなマーケティング戦略の戦略図である、カスタマー・ジャーニー・マップにおける重要なKPI（重要業績評価指標）を把握し、マーケティング戦略の改善を進めていくことも容易になります（カスタマー・ジャーニーについては次のスキル13で詳細に説明します）。

　現在は、カスタマー・ジャーニー・マップそのものをデータ・ドリブンにするためのシステム投資も行われています。マーケティングの世界はデータなしには語れない世界になってきたのです。

キーワード
データ・ドリブン・マーケティング、ワン・トゥ・ワン・マーケティング、DMP、SFA、CRM、MOT、
カスタマー・ジャーニー、カスタマー・ジャーニー・マップ

身近なところからマーケティングに使う

CHAPTER 2

 SKILL

13

ここでの学び

- **カスタマー・ジャーニー**：ブランドや製品に対する、最初から最後までの一連の接触や行動、認知。時間軸は目的に応じて設定する
- **ペルソナ**：顧客の望ましい行動を集積した仮の具体的人物像。仮面。実在の顧客やターゲット顧客ではない
- **タッチポイント**：顧客とのあらゆる接点
- **ブランド戦略**：消費者の心の中に好ましい自社に対するイメージや思いを定着させる戦略。自社の強みや理念に基づく

POINT

カスタマー・ジャーニーを活用したマーケティング戦略構築においては、顧客とのあらゆるタッチポイントで情報を把握し、極力満足度をあげることが求められる。システム部門と連携しながら、小さな取り組みからスタートさせるとよい。

カスタマー・ジャーニーを活用する

スキル12でも触れたように、マーケティング部門へのテクノロジー投資は順調に伸長し、IT部門へのテクノロジー投資に匹敵する金額となりました。この調査は売上250億円以上の企業約400社弱のみを対象とした調査（ガートナー社）ではありますが、マーケティングとテクノロジーは今や切っても切り離せない関係にあることを示唆するには十分でしょう。

まず、いうまでもないことですが、Google AdWordsに代表されるプロモーションの世界のアドテクノロジーは最先端の技術をつねに開発し、その利用がなされています。

また、マーケティング・システムのプラットフォームを提供する各社はしのぎを削ってAIを開発しており、アドビのSensei、セールスフォースのEinsteinなどのAIを活用したさまざまなサービスがすでに実際に使われています。

これらを活用することで、より自由にデータ分析をする土俵は着々と整っているのですが、逆に、その豊富なツールのために、つい全体がみえなくなり、小手先の売上をあげる細かい施策の立案に突き進んでしまう傾向があるようです。

デジタルが当たり前のツールとなったマーケティングの世界で、今何をすべきか。そのカギは前のスキル12でも紹介したカスタマー・ジャーニーの運用にあります（168ページの図参照）。

組織全体がデジタルに舵を切っていく中、マーケティングの担う役割も大きく変わっていくべきです。というのも、次元の

あがった**ワン・トゥ・ワンが牽引する、顧客中心主義のマーケ**
ティング機能の役割は、商品を買ってもらう仕組みを作ること
から、顧客の体験すべてをコントロールすることに変わってい
くからです。

　一年365日すべての消費者の活動に際して、自社のブランド
を訴求することができればこんなにいいことはありません。し
かし、それは企業のリソースを考えた時、不可能な話でしょう。

　そこで、企業側としては、少しでも顧客とブランドに直接的
な接点（タッチポイント）があるところは、たとえそれが購買
以前の「検索」といった行動であっても、購買以降の「シェ
ア」といった行動であってもできる限りコントロールすべき顧
客体験だと考えるのです。

　これらの顧客体験をブランド戦略に則った形でコントロール
しようとする活動すべてを統合的にマーケティング戦略として
とらえることが今後の新しいマーケティングの要諦であるとい
うのが専門家の一致した見解です。

　だからこそ、今マーケティング戦略ツールとして主流となっ
ているのがカスタマー・ジャーニー・マップであり、この構築
と運用こそが真っ先になされるべき施策なのです。

カスタマー・ジャーニー・マップを作る

　カスタマー・ジャーニーとは、顧客の購買にいたる行動のこ
とです。これを時系列で連続的に表したものをカスタマー・
ジャーニー・マップといいます。

　作成は、まず仮説的なジャーニーを作ることから始まります。
既存のデータやリサーチから代表的なペルソナをいくつか設定
し、ペルソナごとのジャーニーを仮説的に作成し、それに合わ

せたKPIを策定します。そして実際に運用しながら、あってほしい行動とそれにともなって顧客のステージをより効率よく進行させていく手段を講じていくことで、カスタマー・ジャーニー・マップを運用するのです。

まさにマーケティング戦略そのものが描かれたものといえるでしょう。

具体的には横軸にステージを取り、縦軸に具体的な行動、それぞれのステージにおける顧客の思考と感情、またメディアとタッチポイントを洗い出したうえで、ステージの移行状況を測定することができるデータとKPIを設定し、運用します。

このマーケティング戦略の構築方法と運用方法を知ることが、デジタル・ツールに振り回されないマーケティング戦略構築の第一歩となります。

では、具体的にカスタマー・ジャーニー・マップはどのように作ればよいのでしょうか。

まず、データや調査をもとに、精度の高いペルソナ（企業が提供する製品・サービスにとって、もっとも重要で象徴的なユーザーモデル。実際のユーザーとしては存在しなくてよい）を作ることが何よりも肝心です。

仮説的に最初のカスタマー・ジャーニーを作りあげるためにも、自社の理想的な顧客像には大きく分けてどのようなクラスターがあり、それぞれの行動にはどのような特徴がありそうか想像できるようにしておくことが重要です。

たとえば、「年齢、性別、居住地、年収、嗜好、趣味」などをペルソナに設定し、ストーリーを持たせることで、具体的に行動を想像することができるようになります。

最初に作るジャーニー・マップはペルソナをもとに仮説的に

作られますが、どれくらい細かくジャーニー・マップを描ける
かは、ペルソナの精度と具体度にほぼ比例するものです。

　ペルソナは1人に限る必要はありません。まったく異なるタイプのターゲットが重要な顧客、つまり多くの売上を牽引する顧客として、数タイプ想定できるのであれば、複数人のペルソナを作り、一つ一つのペルソナにカスタマー・ジャーニーを作る必要があります。

　一度ペルソナを作ることができたら、それぞれのペルソナに対応して仮説的なジャーニーを作っていくことになります。

　そのうえで、最初に、アクションの起点とゴールを決めます。商品を知らないところから、商品を一度買うところまでとか、会員になるところまでといったものもあるでしょうし、シェアをしてくれるところまでを考える会社もあるでしょう。

　続いて、その起点からゴールの間にどのような行動がありうるかブレストします。

　その中で、ペルソナの行動を考えていくと、ゴールがもっと先にあった、と気がつくこともあるでしょう。その場合はゴールを先に延ばします。一通り行動を洗い出せたならば、その行動をグルーピングして横軸のステージを作っていきます。

　ステージができたら、ステージごとに具体的にペルソナがどんな思考や感情を持つか、どんなメディアとタッチポイントがあるのかを洗い出します。ここまでは仮説ベースです。

カスタマー・ジャーニー・マップを肉づけ・運用していく

　カスタマー・ジャーニー・マップの作成には即効性があるともいわれますが、それは、こうして洗い出したポイントの中で、マイナスの感情が働きそうなところをみつけ、プロモーション的に改善することがすぐに可能だからです。

　カスタマー・ジャーニー・マップを作り、プロモーションのアイデアをいくつか見出したのに、しばらくすると忘れてしまうのは、カスタマー・ジャーニー・マップのもったいない使い方です。

　カスタマー・ジャーニー・マップの真骨頂は、マーケティング戦略そのものを体現するマップとして、運用していくことにあるからです。

　仮説ベースで構築したカスタマー・ジャーニー・マップができたなら、実際の状況を確認するために、必要なリサーチを行い、またKPIを実際に追いかけていきます。このような検証のプロセスを回すことで、仮説的だったジャーニーが実際に活用できるものとなっていきます。

　さらに運用を進めながら実態に即したものに随時作り替え、戦略上の示唆を即時に読みとれるように改善していくことそのものが、デジタル時代のスピード感に対応する活きたマーケティング戦略となるのです。

　なお、本来であれば168ページで示した図に具体的なKPIがあればいいのですが、通常そうしたKPIは企業秘密となっているため、具体的な例を探すのは難しいものです。ここはしっかりマーケターが自分の頭で考え抜く必要がある箇所といえるでしょう。

175

注意すべきポイントは、カスタマー・ジャーニー・マップを単に数字のPDCAだけで改変していってはいけないということです。カスタマー・ジャーニー・マップは、マーケティング戦略である以上、つねに上位概念の戦略であるブランド戦略を反映している必要があることを忘れてはなりません。逆にいえば、ブランド戦略がしっかりしているからこそ、ペルソナやカスタマー・ジャーニー・マップの変更が必要な時でも、ブランド戦略がその拠り所となるのです。

身近なツールを活用する

　こうしたことも理解したうえで、明日からできることは、まずデータに慣れ親しみ、そこでできることをやってみることです。実際にマーケティングやセールスの業務に関わると、顧客データベースに触れる機会が多くなるでしょう。自社の顧客データベースを活用するには、まずどんなデータが入っているかを把握することが大事です。

　顧客データベースにはさまざまな定義のデータが存在していることがあります。たとえば「新規顧客」というカテゴリー。どんなカテゴリーなのか問い合わせてみると、「今月新規に登録した顧客を指します」といった回答が返ってくるでしょう。これだけで分析に使えるでしょうか。答えは否です。

・誰がいつどうやってデータを登録したのか？
・売上が立ったら登録されているのか？
・販売員が判断して勝手に登録しているのか？
・既存顧客でないことはどうやって判断しているのか？

これらの条件次第でデータの見方はまったく異なってきます。自社のデータベースのそれぞれのカテゴリーが具体的に何を意味しているのか、正確に把握することが第一歩です。

そして次に、データベースは多くの場合、クロス集計をはじめとしたさまざまな分析が可能になっていることが多いものです。少なくとも、表計算シートにデータを吐き出せば加工は可能です。これらを行うことで、さまざまな顧客の特性がみえてきます。

時間がある時に、こうした集計を行い、自社の持つデータベースで何がどこまでわかるのか、何が足りないのかを把握しておくことが大事な第一歩であり、マーケティング戦略、つまり、カスタマー・ジャーニー・マップを運用していく際のKPI作りに役立ちます。

そうしてみつけたことを実験的に試すプロモーションを行い、結果をみることも有効なデータ活用の第一歩です。

また、自社が導入しているアナリティクスツールやCRMサービスをみてみると、多くの機能が使われていないことに気がつくこともあるでしょう。

有償のアナリティクスツールなどには、A/Bテスト（2つの施策同士、特にウェブ上のクリエイティブ同士を比較するテスト）機能やメールテンプレートの作成、メーラー機能など、多くのツールが付随しています。

1人やほんの一部では始めない

　自社のデータベースやデジタル・マーケティング・ツールを理解できてくると、改善したいポイントが次々と出てきます。しかしその時、自己流で小さな部署単位で勝手に会社のデータベースをいじったり、勝手に新しいツールを導入してはいけません。

　デジタル・マーケティングの導入・改定は、全社レベルでの大きな組織改編やシステム改編をともなうものです。中途半端に独立して改定などをすると、全社システム改定の際に今まで作ってきたシステムがすべて無駄になりかねません。

　部署や個人独自で進めなくてはいけないものだとしても、**必ずシステム部門と連携を取り、将来にわたり活用できるデータ資産を構築する意識を持って、新サービスや技術の導入を図りたい**ものです。

CHAPTER

1
コンピュータ+
データ

2
戦略・
マーケティング

3
リーダーシップ・
組織

キーワード
カスタマー・ジャーニー・マップ、ペルソナ、タッチポイント、KPI、ブランド戦略

新スキルの勉強法②

戦略やマーケティングのデジタル化のスピードは大変速く、全体的なトレンドすら半年で入れ替わるほどです。

とくに、全社的な大きな動きにつながりそうなトレンド、**たとえばシリコンバレーでどのような新しいビジネスが誕生しているのか**はぜひウォッチしておきましょう。

マーケティングでは、とくにブランド戦略とカスタマー・ジャーニーの活用に関するトレンドに含まれるものは注視しておく必要があります。また、ちょっとした技術も日進月歩です。とくに自分のビジネスに影響しそうな技術についてはフォローしておきましょう。

たとえばプロモーション担当者であれば、SNSのトレンド、顧客とのコミュニケーションツールに関するトレンド、DMP、SFA、MA、CRMといったデータのプラットフォームに関するトレンド、そしてアドテクのトレンドなどは必ず追いかけるべきです。

大きな動きにつながりそうなトレンドは、先端のサービスを提供している各社のカンファレンスやホワイトペーパーなどにその片鱗が現れることが多いものです。

一方、最新の技術については、実際に運用を行っている担当者や、パートナー会社からの情報提供で手に入れることが多くなるでしょう。

実際の業務には関わってはいないが情報は欲しい、といった場合は書籍などに頼ることになりますが、書籍が出版されるタイミングは、現在の潮流の中では遅すぎる傾向があります（とくに翻訳書が刊行されるタイミングは遅い）。頭の整理やコンセプトの理解には使えるかもしれませんが、最先端の情報を書籍

で得るのはほぼ不可能でしょう。

　書籍を読む場合は、その中で今も使えるものと、古くなってしまった情報を、詳しい人などに確認したり、他の情報とクロスチェックすることで、判別することが重要です。

　結果として、インターネット上に存在する情報に頼ることが多くなりますが、最新の情報は玉石混交ですから、その情報が正しいかどうか、そして何より自社の環境でそれが使えるものかどうかを見きわめる目を培うことも大事です。

　そのためには、小さな規模でよいので、試行錯誤を繰り返し、自分で実践を積んでみるのが何よりです。

　これらは基本的に第1章と同様です。ただ、戦略やマーケティングとなると、組織に与える影響も大きく、「1人で気軽に」とはなかなかいかないことも多いので、ある程度の説明責任は果たす必要が生じます。

　とはいえ今は、数百円単位でホームページの作成からネットプロモーションの実施、HTMLメールの作成などもできるようになってきています。アナリティクスも無料ツールがあります。ぜひ、周りの人の巻き込みも意識し、試しながら学んだ情報を検証してください。

　また、最近では多くの勉強会やネットでデジタル・マーケティング講座などが提供されています。それらに参加して知識を得ていくことも1つの方法です。

CHAPTER 3

リーダーシップ・組織の基本スキル

ビジョンを理解し、課題を設定する

CHAPTER 3

 SKILL

14

ここでの学び

- **人間に残される仕事**：AIや機械が進化しても人間がやる方がよいとされる仕事
- **問題解決のブラックボックス化**：機械がなぜそのような解を出したのかわからないこと
- **課題設定**：あるべき状態を設定すること
- **クリエイティビティ**：創造性、あるいは既存の延長にないものを考える力

POINT

AIが進化して人間の仕事を代替することが予想されている。その中で、課題を適切に設定すること、そして非連続的な創造や変化を生み出すことの2点がリーダーの大きな役割となる。

マネジャーやリーダーの仕事の変化

　2章ではビジネスそのものの変化を、事例を多く紹介しながらみてきましたが、テクノロジーの進化は、働き方や、マネジャー、リーダーのありようにも当然影響を与えます。

　本章では、すでに起きていることだけでなく、数年あるいは十数年後の世の中の変化を想定したうえで、話を進めていきます。

　まずは、ビジネスパーソンの働き方、とくにマネジャーやリーダーがすべき仕事の変化について簡単に解説します。

　ここでいうリーダーとは、「組織の管理職」に限りません。役職にかかわらず、他の人々を動かす人、何らかの取り組みにおいて実際に組織を引っ張る人をリーダーと考えます。

　スキル14では、課題設定とクリエイティブな解の創出こそが人間がなすべき重要な仕事として残るということをまず確認したいと思います。

人間に残される仕事

　テクノロジー、とくにAIの進化により、多くの仕事が機械に置き換えられることが予測されています。まずは、一般論として人間に残されるであろう仕事を概観しておきましょう。

　実際にそうなるのかは諸説ありますが、ある程度体系化された文献に、『AI時代の勝者と敗者』（日経BP社、2016年）があります。

　著者のトーマス・ダベンポートらは、AIが進化する時代にも機械に奪われずに残る、人間ならではの仕事を5つ紹介しています。具体的には以下です。

①**ステップ・アップ**：自動システムの上をいく仕事。機械と連携する人間というシステムそのものを構築・監督する仕事

②**ステップ・アサイド**：機械にできない仕事。創造性が必要な仕事、細かい気配りが必要な仕事、人を鼓舞する仕事など

③**ステップ・イン**：ビジネスと技術をつなぐ仕事。1章で触れたような仕事を理解し、監督するなどの仕事

④**ステップ・ナロウリー**：自動化されない専門的な仕事。他人にはよくわからなかったり、その仕事に関するデータがあまりない仕事。たとえばキタキツネの飼育など

⑤**ステップ・フォワード**：新システムを生み出す仕事。言い換えれば、みずから新しいテクノロジーを追求する仕事

この中で、⑤は技術そのものに対する深い造詣が必要になる専門職です。④も探せばさまざまあるのでしょうが、多くのビジネスパーソンにはあまり関係はなさそうなので、この2つは一般のビジネスパーソンにとって、相対的な重要度は低いでしょう。

ある程度の数のビジネスパーソンが関わってくるのは①と③です。これは一定レベル以上のテクノロジーの知識は必要としつつ、一方でビジネスのことも理解しておかなくてはならないため、難易度は高いものの、人間がおおいに価値を出せる部分といえます。

もっとも多くのビジネスパーソンに関係してくるのは②でしょう。それまでにない新しい問題解決の方法を提示したり、相手の微妙な顔色や文脈を読んでコミュニケーションしたりモチベーションを与えるという仕事は、当面機械には置き換えられることはないでしょう。

こうしたことも踏まえたうえで、多くのマネジャーやリーダーの仕事がどのように変わるのかを検討してみます。

変わる問題解決の方法

マネジャーの仕事とは、業務や部下の管理という見方もできますが、視点を変えれば、さまざまな問題解決を適切に行い続けるということです。

ここでいう問題とは、大量の不良品や危機対応ミスといったわかりやすいトラブルだけではなく、たとえば「対前年比120％増の売上目標に対して、現在110％強だ。そのギャップをどう埋めればいいのか」といった「あるべき姿と現状」のギャップ全般を指します。人によって意見は多少異なりますが、問題解決を課題解決と言い換えてもさほど違和感はありません。

つまり、マネジャーの仕事とは、課題を設定し、それを適切に解決し続けることともいえるわけです。部下へのアサインメントや動機づけなどは、そのための具体的な方法論でもあるのです。

問題解決、課題解決には、コンサルティングファームによって定式化されたフォーマットがあります。それは、

① 「イシュー（課題）を設定する（Issue、What）」
② 「どこで問題が発生しているか、どこが改善感度が高いかを見きわめる（Where）」
③ 「なぜその問題が発生したのかを突き止める（Why）」
④ 「対策を打つ（How）」

というものです。たとえば以下のような感じです。

187

<u>Issue、What</u>：在庫を〇〇のレベルにまで下げたい
<u>Where</u>：△△製品の仕掛在庫が増えており、これが全体の在庫を増やしている
<u>Why</u>：△△製品の設計が不適切で、生産の工数が非常に多い
<u>How</u>：△△製品の設計を抜本的に見直す

　これまでは、意識的にせよ無意識にせよ、効果的な問題解決にはこの流れが有効でした。実は、この流れがテクノロジーの進化により大きく変わる可能性があるのです。

　具体的には、「Where-Why-How」の部分を、過去の情報から機械が計算してくれる可能性が高まっているのです。すでに1章で、ビッグデータの時代にはAIが精度の高い予測をしてくれると書きましたが、問題解決の分野にもそれが及ぶのです。

　たとえばあるエステサロンのマーケティングを考えてみます。その企業では、メディアに広告を打ったうえで、見込み顧客にセミナーや説明会などへ参加していただき、お試しコースで体感していただき、その後、営業担当者がメールや電話でフォローし、成約に結びつけるというプロセスを踏んでいたとします。

　ここで人間であれば、「こういうタイプの見込み顧客にはこのタイミングでこのパンフレットを配れば効果的なはず」と常識的に判断し、施策を打ちます。その時の大事なポイントは因果関係の納得性です。

　しかし、1章のスキル05でも述べたように、これからの時代は「因果関係よりも相関関係」です。

　このエステサロンの例でいえば、過去のデータを解析した結

果、「このパンフレットはこういう顧客にこのタイミングで配るといい」という AIの提案が、人間には理解しにくくても、効果をもたらす可能性が高いのです。言い方を変えれば「Where-Why-How」のブラックボックス化です。

しかも機械を使えば、その検証サイクルが劇的に短縮化されます。仮説を立てて実験して検証して、というプロセスのスピードが高まるということです。

たとえばA/Bテストと呼ばれる、とくにウェブのクリエイティブの比較分析がありますが、これもAIを使えば短期間で一気に試すことができ、その結果、「よりベターなもの」にたどり着くまでの時間が短縮されるわけです。
「効きそうな施策」を順にスピーディにつぶしこんでいくため、トータルとしての効果、効率の改善も見込まれます。

問題解決において、「Where-Why-How」の手順を適切に踏むことはコンサルタントやマネジャーの腕の見せ所であり、論理思考力に加えてセンスや経験が求められる箇所だったのですが、ここが一気に機械に置き換わり、かつブラックボックス化するというのは、問題解決、課題解決を仕事とするマネジャーにとって大きな変化といえるでしょう。

人間の付加価値は課題設定にこそあり

もちろんマネジャーの仕事がなくなるということはありません。テクノロジーがどんなに進化しても（2030年頃までは）、課題の設定は人間にしかできないからです。

課題設定はもともと難しいタスクでしたが、テクノロジーが

進化すると、ますますその部分の巧拙がマネジャーの差につながってきます。

たとえば予備校のある受験生に対する指導のあり方を考えてみます。課題としては

「A大学に合格させる」

「偏差値を○○ポイントあげる」

「本人に適したキャリアが歩めるような土台となる学力をつけさせる」

など、さまざまなものが考えられるわけですが、これをどう設定するかは、価値判断が分かれるきわめて人間臭い部分であり、機械には計算できません。

どこまで課題を具体的にするかという問題も生じます。たとえばスポーツジムであれば、ある顧客に関する課題設定が「健康な体にする」ではあいまいすぎます。

「○○までに体重を65kgにする」

「○○までにメタボ、血圧、中性脂肪の指標を医師会推奨の適正値にまで下げる」

「次回の人間ドックの健診で要注意マークが出ないようにする」

などさまざまな課題設定が考えられる中で、それを極力具体的かつ効果的なものにする必要性が出てくるのです。

課題を具体的にしなくてはならないということには、もう1つの事情があります。

これはスキル17で後述しますが、これからの時代は組織の垣根がどんどん低くなり、外部の方々を含め、非常に多種多様

な個性、スキル、バックグラウンドを持つ人々と共同で課題解決にあたる必要が生じると予測されています。

まさにオープンかつ多様性の高いコラボレーションの時代です。その時に、関係者が課題に対して異なる理解をしていてはいけないということです。

ここでは課題設定の話をしましたが、さらにいえば、実際に施策を試してみて結果が出た時に、それを経営上よしとするのか否とするのかという判断（意味づけ）も当面は人間にしかできません。

プロモーションによって認知度80％、第一想起ブランド25％を目指したとします。その時、実際の認知度は76％にとどまったものの、第一想起ブランドと答えた人が26％いたとしたら、それを成功とみなすのかあるいは失敗とみなすのかということです。

実際の経営では、一気に多様な課題をクリアすることを求められます。マーケティングの課題と組織のモチベーション向上の課題を同時並行的に満たすシーンも出てくるでしょう。

当然、単純な比較はしにくくなります。そうした中で、出てきた結果をどう評価するのかは、非常に難しいうえに、次の課題設定にも影響を与えます。その部分はやはり人間が泥臭く考えざるをえないのです。

データの与え方や枠組みの設定にも人間の力は必要

先に「Where-Why-How」は機械によって計算され、因果は不明ながらも「よりベター」な解が出てくると書きました。ただ、これには前提があります。

それは、適切な情報がインプットされていることです。IoTが進化するでしょうから、センサーから入ってくる情報やWeb上の顧客の挙動などはほぼ正確に捕捉できます。

ただし、機械にどのような情報を与えるかというのは、課題設定と絡む話でもあり、これも人間の巧拙が反映されます。機械が自分で「このような情報が欲しい」ということはないのです。

言い換えると、機械は結局、人間が設定した枠組みと、人間が与えた情報の中でしか解を出せないということです。

たとえば、近年 HR Tech（人材マネジメント関連のテクノロジー）が進化しており、過去の従業員の評価などから、彼／彼女をどのような業務につけるといいか、あるいは、どのような能力開発の機会を与えるといいかといった示唆をある程度出せるようになってきています。この技術はさらに進化するでしょう。

しかし、課題を人材の配置や育成に絞っている限り、そこで出てくる解は、人材の配置、育成に関するものに限られます。せいぜい、「彼／彼女は解雇する方がいい」といった示唆まででしょう。

「人事制度そのものを変えるべきだ」あるいは「この事業を止めるべきだ」といった、機械に与えた枠組みを超える解は出て

こないということです。

クリエイティビティは人間だけの特権か？

この話をしていくと、結局機械にクリエイティブな仕事ができるのかという議論になっていきます。ここで意識したいのは、クリエイティビティの定義です。

たとえば絵画や作曲といった創作活動はまさにクリエイティブな仕事といえます。しかし、これも、過去に人間に高く評価された作品のデータを機械に与えれば、ある程度は「それらしきもの」を作り出せるくらいにはAIは進化しています。

たとえばピカソのすべての作品をAIに解析させれば、素人目には一見ピカソが描いたような絵を描くことは可能ということです。

では、AIが真似できない人間のクリエイティビティとは何なのでしょう。端的にいえば、それは「過去の延長線上にない解」です。

絵画の例でいえば、中世の写真のような絵画をどれだけ解析しても、印象派の作品は出てきません。あるいは、印象派の絵も含めて写実絵画をすべて解析しても抽象画という解は出てきません。

ビジネスの例であれば、過去の扇風機をどれだけ分析しても、ダイソンの「羽無し扇風機」のような解は出てこないし、それまでの携帯音楽プレーヤーをどれだけ解析しても「iPod」は生まれないということです。

「Where-Why-How」のプロセスが機械によって効率化し、「よりベター」な解にすぐにたどり着くと書きましたが、ポイ

ントは「よりベター」であって「ベスト」あるいは「イノベーティブ」ではないということです。

枠にはまらない発想で何かと何かを組み合わせ、「それまでの延長線上にない解」を得ることは、やはり人間に残された聖域なのです。

必要となるスキル

ここまでの議論から、課題設定力や枠組みを考える力、あるいはクリエイティビティがますます重要になることがわかります。そのためにより必要になるのは、論理思考力と、常識や枠にとらわれないゼロベース思考です。

また、人間に対する洞察力も、ビジネスやそれに絡んだ問題解決が人間の営みである以上、必要になります。課題を探り出す対話力（ダイアローグの力）も非常に重要です。これらの土台としての気配りや共感力、文脈を読む力も非常に大切になるでしょう。

キーワード
問題解決、問題解決のブラックボックス化、課題設定、クリエイティビティ

CHAPTER3

新しい変化を作り出す

 SKILL

15

ここでの学び

- **ビジョン**：将来のある時点でどうなっていたいかの未来像。戦略を検討する指針ともなる
- **変化創出**：ビジョン実現に向けて変化を促すこと
- **トライ・アンド・エラーを楽しむマインドセット**：失敗を恐れずに、チャレンジを楽しむような思考様式や心理状態

POINT

新しい変化を生み出しつつ、人々をわくわくさせるような斬新なビジョンを打ち出すことが求められている。反対者も多いだろうが、そうした難しさもふまえたうえでトライ・アンド・エラーを楽しめるようなマインドセットを持てる人間こそがリーダーたりうる。

人々を巻き込み変化を起こすために必要な力とは

　これからの時代に、他の人々を引っ張って新しいことに取り組むには、他にどんな力が必要でしょうか。

　1つは、求心力となるビジョンを示すことです。ビジョンこそ、どんな課題を設定すべきかの方向性を示すものだからです。リーダーの役割はさまざまな点で変わってくることが予想されますが、ビジョンを示すことの必要性は、なくなることはありません。

　また、設定した方向に率先して動いていく、自ら新しい変化を作り出すことも求められます。クリエイティビティを発揮し、変化の中心になることが必要なのです。

　スキル15では、自分なりのビジョンを持ち、クリエイティビティを発揮し、変化の中心になることについてお話しします。

「新しいこと」が価値を持つ

　2章でみてきた通り、今後は新たなテクノロジーが新しい顧客価値を生み、新しいビジネスの手法を生み出すことが増えていきます。長年コツコツと製品やサービスを作り続けてきた企業よりも、より多くのユーザーに使われるプラットフォームを築いた企業の方が、大きな利益を得られる時代なのです。

　そこでは、長年の経験と勘を持つ人材よりも、新たな技術を知り、どうビジネスに活かせばよいか考えつくことができる人材の方が、大きな価値を生みます。

　たとえば、民泊事業者の代表選手であるエアビーアンドビーは2008年に創業者のチェスキーとゲビアがこのビジネスモデ

ルを思いついたところから始まりました。

　2人はサンフランシスコの自分たちの居間をも宿泊施設として貸し出しました。そして約10年後の2017年には世界191カ国に300万室以上の宿泊施設を掲載するまでに成長しました（https://press.atairbnb.com/about-us/）。

　これを従来型のホテルと比べてみましょう。ホテル業界で最大手の1つヒルトン・ワールドワイドは、1919年に創業と長い歴史を持ち、高い知名度を誇るホテルです。しかし、約100年後の現在およそ78万室とエアビーアンドビーの4分の1程度の部屋数にすぎません。

　ホテルや旅館は土地や建物や設備といった大きな固定費を抱えるため、たくさんのお客さんが泊まってくれて部屋の稼働率があがらなければ利益が出せません。一定の利益があがらなければ施設を増やす資金が溜まりませんので、一気に拡大することは難しいのです。

　一方、エアビーアンドビーは、部屋の貸し手と借り手からごくわずかの手数料を受け取るだけですが、固定費も非常に低いため、ごくわずかの手数料を積み重ねるだけで利益が出せます。新たな施設を造るわけではなく空いている部屋の情報を集めるだけなので、拡大のスピードも速いのです。

　チェスキーもゲビアも、ホテルや旅館を運営した経験があるわけではありません。たくさんのホテルを建てる資本金があったわけでもありません。

　このサービスの形を思いつき、3人目の創業者で情報技術者であるブレチャジックとともにいいサイトを作り、サービスを広め続けたことが、大きな成功を生んだのです。

成功を生むのに大切なものは、経験と勘ではなくなってきました。新しい顧客提供価値をみつけ、テクノロジーを使ってより安価に実現する手段を思いつき、人を巻き込むことが大きな成功を生むのです。今までのあり方にこだわらず、自分なりのビジョンを考える力が必要です。

　このような時代に事業を引っ張るリーダーは、経験を積んだ年長者とは限らなくなっていくでしょう。むしろ、今この時の顧客の様子を知り、より新しい技術を知る若い人材の方が、よいリーダーになりえます。先頭に立って事業を作るのは若い人材で、年長の管理職はそれをうしろから支えていく、そんな組織の方がうまくいくのではないでしょうか。

　これは、リーダーとフォロワーの区別があいまいになっていく状態ともいえます。組織の管理職とメンバーの役割が「考える人」と「実行する人」ではなく、メンバーがリーダーとなって新しい事業を作り、管理職がそれを支える、ということが起こります。若いメンバーがリーダーとなっていくのです。

自ら変化を作り出すリーダーに

　では、新しいテクノロジーを使って事業を変えていくリーダーには、どんな能力が求められるのでしょうか。
『ザ・セカンド・マシン・エイジ』の著者の1人として有名なアンドリュー・マカフィーは、新たな著書『LEADING DIGITAL』の中で、こうしたリーダーに必要な4つの能力を紹介しています。

199

①自分たちのビジネスの今後、将来のビジョンを思い描く
②ビジョンに多くの人を巻き込み、一緒に取り組んでもらう
③組織の新たな意思決定の仕組みを作る
④ITとビジネスの現場をつなぐ

　上記が4つの能力です。マカフィーは、組織の経営者がトップダウンでこうした変革をリードすることを想定しています。
　しかし、これらの能力、とくに①と②、④は、現場で事業を作っていくリーダーにも必要です。①の自分たちのビジネスの今後を思い描く力がなければ、どんなふうに事業を変えていくのか計画することはできません（②の力についてはスキル17で触れます）。
　④のITとビジネスの現場をつなぐスキルは、今後を思い描くためにも必要ですし、その実現のためにも必要です。

　たとえば、ある会社がこれまで多数の個人のお客様に建売住宅を販売してきたとしましょう。しかし、今後の日本は人口が減り、建売住宅の販売が伸びていくとは考えにくい環境です。この事業の今後の姿として、どんなビジョンが描けるでしょうか。
　個人が家を買うと、それにともなって内装のリフォーム、家具などインテリアの購買、引っ越し、もとの住居の掃除などが必要になります。これらは住人にとって、やらなければなりませんが、面倒で慣れていない作業なので、顧客の情報からありうるニーズを洗い出し、こうしたサービスをまとめて提供することもできるはずです。
　実際に、こうして事業の幅を広げている企業にライフル

（LIFULL）という会社があります。同社は「HOME'S」という
インターネットサイトでの賃貸住宅情報の紹介を主な事業とし
ていますが、近年大きく提供するサービスの幅を広げています。

　サイトを通じて部屋を借りた人に、引っ越し、清掃、リ
フォームなどのサービスをすすめ、それぞれの事業者を紹介す
るのです。圧倒的なサイトの知名度を活かして、不動産情報の
提供から住み替えに関するあらゆるサービスの提供を行う、そ
れもテクノロジーを使って固定費を大きく増やさずに事業の幅
を広げる、1つの好例といえるでしょう。

　この例では、販売現場で顧客と接するリーダーが、自社の事
業の将来像を、住み替えに必要なサービス全般の提供だ、と思
い描ければ、現場の仕事を変えていくことができるわけです。
　顧客に聞いておくべき情報や、情報管理の仕方も変わり、顧
客が自社のおすすめするサービスを選んでくれるよう、顧客に
とって楽で自然な情報提供手段を考えるでしょう。営業担当者
が身につけておくべき知識や、接客の態度、情報提供のスキル
も変わってきます。

　長年同じ仕事を経験してきた管理職が将来像を決めて若い人
材がそれに従うのではなく、**新しい知識やスキルの持ち主が将
来の姿を思い描き、現場を変えていく時代**なのです。

CHAPTER

1 コンピュータ＋
データ

2 戦略・
マーケティング

3 リーダーシップ・
組織

201

クリエイティブな発想とトライ・アンド・エラーを楽しむ
マインドセットを身につけよう

　ビジネスの今後の姿、つまりビジョンを描くためには、新た
な姿を想像するクリエイティビティと、それを実現させようと
するマインドセットが必要になります。

　クリエイティビティを持つとは、何もないところから突然素
晴らしい新商品を思いつけるということではありません。

　むしろ、既存の物事を批判的にみる力や、前例に頼らず最適
な姿を考える力といった自分の頭を使うことを指しています。

　クリエイティビティは日常の一つ一つの仕事の中でも発揮す
ることができます。

　ただし、今の状態を批判的にみるだけでは、ただの不満屋に
なってしまいます。新たなやり方を考えて、試してみるマイン
ドセットが必須です。既存のやり方でパーフェクトにやろうと
思うのではなく、トライ・アンド・エラーを楽しむというマイ
ンドセットが必要なのです。

　今までのやり方を踏襲しつつパーフェクトに仕事をすれば、
すぐ評価には結びつくでしょう。新たなやり方を思いつく人は、
周囲からはむしろ煙たがられ、面倒がられるかもしれません。
最初は周囲に応援してもらえないかもしれません。

　それでも、失敗を恐れずチャレンジし、新しいことを楽しむ
マインドセットがなければ、新たな思いつきは形にならないの
です。

変えることを楽しもう

仕事の現場にいる皆さんがその事業の今後を考え、新たなやり方を考えることが、大きな価値につながる時代になってきました。

新たなビジョンを作る力を持つためには、発明家になる必要はありません。**一つ一つの仕事を批判的に見直し、最適なやり方を考え直し、それをやってみることを繰り返せば、ビジョンを作る力も育っていきます。**

そこで多くの人に協力してもらわなければ、実際に変化を起こすことができません。多くの人を巻き込むための、協働する力や信頼を得る力については、スキル17で触れます。

CHAPTER

1 コンピュータ＋データ

2 戦略・マーケティング

3 リーダーシップ・組織

キーワード
ビジョン、トライ・アンド・エラーを楽しむマインドセット

よきフォロワーとなり、人やデータに学ぶ

CHAPTER3

 SKILL

16

ここでの学び

- **フォロワー**：つき従う人。役職ではなく機能として考える。状況によって、ある人間がリーダーとなったり、フォロワーにもなる
- **フォロワーシップ**：メンバーがリーダーや組織を支える力、動かす力
- **HiPPO**：高給の古参幹部の意見
- **現場**：ビジネスが実際に行われている場所。若手が任されていることが多い
- **オープンな心の持ち方**：自分のこれまでの経験とは異なる、多様な人がいることを受け入れる心のあり方

POINT

現場で起こっていることをデータやフロントラインのスタッフからの声で把握しつつ、権限を与え、実験を繰り返しながら最適な方向性を見出していく柔軟性が必要だ。そこで鍵となるのがよきフォロワーシップである。

鍵となるフォロワーシップ

　ここまで、何らかの場面でリーダーになった時にどんなスキルが必要かを考えてきました。こうしたスキルのもととなるのは、実はリーダーであると同時によきフォロワーでもあること、つまりフォロワーシップです。

　フォロワーシップとは、メンバーがリーダーや組織を支える力・動かす力のことです。リーダーのいうことを無批判に受け入れてむやみに従うことではなく、自らがしっかり考えて意見を持ち、積極的に動いて組織を支えることをいいます。

　これから必要とされるフォロワーとは、リーダー以上に新たなことを学び続け、上をみるだけではなく、上下左右にいるさまざまな人々や、データの語る思いがけない傾向から、柔軟に学びとれる人でなければなりません。

　そして、さまざまな人やデータからいえることを読み取り、正しい意見をリーダーに伝えることが必要です。さらに、その正しい理解をもとにトライ・アンド・エラーしてみることも、フォロワーの重要な役割なのです。

　スキル16では、このようなフォロワーのあり方について紹介します。

「HiPPO」よりもデータや現場の声が意味を持つ

　数年前、十数年前の経験は、必ずしも役に立たない時代です。

　スキル15にも登場したアンドリュー・マカフィーとエリック・ブリニョルフソンは、「ビッグデータで経営はどう変わるか」（ダイヤモンド・ハーバード・ビジネス・レビュー 2013

年2月号）で、HiPPOの力を弱めるようにといっています。

　HiPPOとは、The Highest-Paid Person's Opinionの略で、組織の中でもっとも高い給料をもらっている古参の幹部の意見ということです（英語で「hippopotamus」とはカバのことです。泥の水たまりの中で偉そうにしている鈍重なカバを連想させる、鋭い造語ですね）。

　昔は、経験から学んだパターンや蓄積した人間関係をもとにした意思決定にはある程度の正しさがあり、信用できるものだったのですが、今では経験だけに頼った意思決定では危ないということです。

　では、HiPPOの代わりに、何をもとに意思決定をすればよいのか。マカフィーとブリニョルフソンは、データをみるべし、といっています。

「データは何を示しているか？」

「データの出所は？」

「行った分析は？」

　とデータ分析の結果をたずね、自分の直感や経験よりもデータの示すことを信じるようにせよというのです。

　彼らは、企業の幹部はまだまだデータではなく自らの直感に頼って意思決定する人が多く、変化の余地があるといっています。

　データをみることと合わせて、自分よりも現場に近い人、新たな知識を持っている人、ユーザーなど、今起きていることそのものに近い人から学ぶことが大切です。

　たとえば、自社の店舗で何か問題があるのであれば、今店頭に立っているメンバーの意見を直接聞いた方が、今起こってい

る問題をよりよく理解できるでしょう。

　もし店舗で起こっていることが画像データとして保存されていれば、効果的な比較分析もできます。

　自社商品の評判が知りたいなら、商品開発の責任者に聞くよりも、ユーザーがどのような意見を発信しているかを直接みた方がよいでしょう。

　さまざまなデータが取れ、多くの意見が直接聞けるのですから、経験に基づく直感によって判断するよりも、課題を感じている人に聞く方が適切です。

現場の意見や若い世代の知識が価値になる

　こうした意見やデータに触れ、そこから学び取ったことをリーダーの意思決定のために提供するのは、よきフォロワーの役割です。リーダー自身も、直接意見やデータに触れることが増えていくでしょうが、より現場近くにいるフォロワーとして、いち早く正しい知識を提供できれば大きな力になります。

　大きな組織を統括し、多数の問題を抱えているリーダーは、往々にして一つ一つの問題について直接データや意見を取りに行く時間や手段がないと感じています。

　そこで、つねに適切なデータや現場の声に触れていて、問題が起きそうなタイミングでリーダーの耳に入れることができる人が価値を持つのです。

状況判断とコミュニケーション力が
フォロワーにも求められる

　とはいえ、現場の意見やデータ、若い世代の知識なら、いつでも何でも役に立つというわけではありません。

そのうちの何が価値を生むのか、そしてどのように伝えれば
いいのか、判断するのは難しいことです。現場の声にも色々な
意見があり、データも無数に取ることができます。手当たりし
だいに伝えられては、リーダーも困ってしまいます。

そこで、適切な情報を判断し、必要なタイミングで届けるス
キルが必要になってくるのです。

どのような情報なら意味を持つのかを判断するスキルがとも
なわなければ、現場の情報から価値を生むことはできないので
す。

そのためには、リーダーが何を考えているのか、今取り組ん
でいる課題に必要な情報が何なのかを理解する力、同時に、よ
りよく伝えるコミュニケーション力も必要なのです。

現場で実験を繰り返す姿勢も大切

変化の激しい時代によきフォロワーであるためには、もう1
つ大切な行動があります。それは、方向性が決まったらどんど
んスピード感を持って試してみる、いい状態にたどり着くまで
トライ・アンド・エラーを重ねるということです。

スキル14でみたように、これからのビジネスにおいては、
課題設定を行ってデータを分析すると、多数の可能性のある解
決策が導き出せます。フォロワーそしてリーダーに同様に求め
られる行動パターンとは、出てくる解決策の案をどんどん試し
てみることです。

ベストな解が出るまで調査や分析を繰り返し、細部まで決定
し、それを順番に進めていくウォーターフォール型（システム
開発のプロジェクトなどで、全体のプロセスを滝が流れるよう
に上から順に進めていく仕事の仕方を指す言葉）の仕事の進め

方では、変化への対応やテクノロジーの進化のスピードについていくことが難しい場面が出てくるようになったのです。

解の方向性が出たら、試してみれば結果もすぐに知ることができます。インターネット上で行った工夫の効果は、サイトの訪問者数や、「いいね！」の数などのデータから簡単に知ることができます。

思ったように増えなければ、別の内容を宣伝してみたり、異なる写真をアップしてみたりすることができます。絶え間ないトライ・アンド・エラーが、ベストな施策を生むのです。

上下左右にオープンで

ここまでの議論から、データや現場の声に直接触れることのできるフォロワーの役割の重要さ、その意味を判断して伝えることの大切さがわかります。

テクノロジーもそれを使う人間の行動もどんどん変わっていますので、経験や今までの慣習に惑わされずに、データや現場の情報そのものに向き合うことが必要なのです。

では、よきフォロワーとしてそうしたスキルを持つためには、どんな姿勢が必要になるでしょうか。

フォロワーであってもリーダーのいうことを鵜呑みにするのではなく、それを自分の観察で裏付けようとする姿勢、**自分が経験したことであっても過去のパターンを躊躇せずに今一度疑ってみる姿勢。**

そして自分の直観に反するデータや情報にも謙虚に向き合う姿勢が、データや現場の声を正しく汲み取るスキルにつながります。

自分のこれまでの経験とは異なる、多様な人がいるのだとい

うオープンな心の持ち方も、新たな情報に謙虚に対峙すること
につながります。

　自分の直観を投影しすぎず、まずはデータや若い世代の知識
に耳を傾けることです。上下左右、多方向の人にオープンであ
ることが、よきフォロワー、そして将来のよきリーダーの条件
なのです。

CHAPTER

1 コンピュータ+データ

2 戦略・マーケティング

3 リーダーシップ・組織

キーワード
HiPPO、フォロワー（フォロワーシップ）、オープンな心の持ち方

CHAPTER 3

社外の人とコラボレーションする

 SKILL

17

ここでの学び

- **ネットワーク**：人々や企業のつながり。さまざまなパートナーとの関係性より成り立つ
- **フリーエージェント**：特定の企業に属さずに働く人々、あるいはその働き方
- **クラウドソーシング**：不特定多数の人に必要とする経営資源等を募り集めること
- **目的・目標の共有**：多様な関係者を動かすうえで土台となるもの

POINT

日本の雇用環境もITの進化とともに変化の兆しがみえている。「内部／外部」あるいは「正社員／その他」といった区分にこだわるマネジメントは機能しにくい。多様性を前提としたリーダーシップ、マネジメントを身につける必要がある。

ビジネスは企業内だけでなく
企業のネットワークの中で起こる

　2章でみてきたようにビジネスが変わっていくと、組織の形も変わっていくと予想されます。仕事をするうえで触れ合う情報ソースや人々が変わっていくことが想定されるのです。

　もはや、いつも同じ組織の中で仕事をし、同じ人々、同じ情報ソースの中で働くと考えたのでは、自分が仕事で関わる人たちを正しくとらえきれないのです。

　関わる人との関係性が多様になると、1人のビジネスパーソンもさまざまな立場で仕事をすることになります。

　さまざまな関係性の人と協働してWin-Winの関係性を築き、時には社外の関係者をリードして仕事を進めることが大事になってきます。

　そのためには、社外の関係者にも利益になるような共通の目的を設定し、協働しやすい一定のルールを設け、互いが活動に励めるようにすることが必要です。

　『キャズム』という書籍で著名なジェフリー・ムーアは、1993年に企業のあり方が変わっていくことを予測していました。ムーアは革新的な企業は「企業"生態系"」を作っていくと考えました。

　企業は一つ一つが単一で存在してシェアを競っているのではなく、複数の産業にまたがる複数の企業が1つの生態系（エコシステム。スキル09参照）を作って協業しつつ、生態系間で競争しているのです。

　たとえば、アップルは、パーソナルコンピュータ、エレクトロニクス製品、情報機器などの複数の産業にまたがって、数多

213

くの部品製造企業、アプリ開発企業、通信インフラ企業などと一緒に1つの生態系を築いています。

　一方でアップルは、グーグルなど別の企業をリーダーとする生態系と競ってもいるのです（「企業"生態系"4つの発展段階」ダイヤモンド・ハーバード・ビジネス・レビュー1993年9月号）。

　この考え方を発展させたハーバード・ビジネス・スクールのマルコ・イアンシティ教授は、著書『キーストーン戦略』（翔泳社）の中で、数十年前は大きな1つの企業がサプライヤーを自社の系列に組み込むなどして従わせていた（垂直統合）が、近年ではさまざまな企業が協業し合うネットワークのようなつながりを持っていると説いています。

　このようなビジネス環境の中で、新しい活動をしようと思うと、多くの社外の人の協力を得ることが必須になります。自分の組織の中だけをみていては、仕事が成り立たないのです。

関わる人すべてがパートナーだと想定せよ

　1つの製品やサービスを届けるのにさまざまな人が関わるからには、日々の仕事で接する取引先や顧客、業務の一部を依頼する事業者などの社外の関係者は、同じ1つの生態系の中にいるパートナーであると考えるべきです。違う会社にいても、同じ顧客に同じ価値を届けるための協業者なのです。

　たとえば、自社の製品をインターネットで注文を受けて通信販売しているとします。

　インターネットのサイトを運営しているのは、アマゾンや楽天など、多数の顧客を集める販売サイト事業者だとします。こうした販売パートナーの動向に注意を払っていれば、よりよい

条件で製品を掲載できるかもしれません。

　また、製品を運送するのは、物流企業のスタッフでしょう。運送するスタッフは、お客様に直接接する大切なパートナーです。

「配送の業者だ」と考えて「早く配送してよ」といった態度で接するか、「顧客フロントに立つパートナーだ」と考えて接するかが、物流企業が忙しい時期にどれだけ自社製品を優先的に運んでもらえるかを決めるかもしれません。

　おたがいに利益がある関係を作ろうと考えることで、長く付き合える「耐久性」のある生態系を作ることができます。ビジネスですから、価格交渉をしたり、条件の調整をしたりするのは当然のことです。

　しかし、あまりにも相手の事情を考えないやり取りでは、短期的にはコスト削減になっても、長い目でみると取引相手が去ってしまうことになりかねません。

社内の業務も多様な関わりの人々が担う

　1つの会社の中にも、正社員、地域限定正社員、契約社員、パート社員、派遣社員、業務委託先の社員など、さまざまな立場の人が働いています。

　既存の会社に所属せず、フリーエージェントとして働く人も増えています。アメリカの著述家のダニエル・ピンクは、著書『フリーエージェント社会の到来』（ダイヤモンド社）で、企業側が終身雇用を掲げなくなる傾向やインターネットなどのテクノロジーの普及により、フリーエージェントとして働く人はどんどん増えていくだろうと予測しました。

　これらの人たちの多くは、複数の企業から仕事を請け負い、

自分のスキルを活かして働きます。今では実にアメリカの労働者のおよそ３人に１人が組織に所属せずに働くフリーエージェントだそうです。

企業が不特定多数の人に向けて業務委託先を募集する「クラウドソーシング」という働き方も出てきています。

日本でも、１つの会社に所属しないことを選ぶ人は徐々に増えています。

たとえば、一気に需要の増えたAI関連のエンジニアやデータサイエンティストなどは、企業から引く手あまたであるものの、フリーエージェントとして複数の企業から仕事を請け負う独立の道を選ぶ人も多くなっています。

正社員に対して、副業を認める企業も徐々に増えてきています。スキル15で登場した不動産情報サービスのライフルには、許可のもとに兼業を認める「キャリアライズ」という制度があり、デザイナーが個人として他社からの仕事を受けることなどが認められています。

これによって兼業先で得た外部の知見を社内にフィードバックする事例もあるようです。

さまざまな人をチームとしてまとめる

組織の内外にさまざまな立場の人がいると、これまでのように組織の指揮命令系統に頼るだけでは仕事を進めることができません。

契約社員の人は、自分の時間が侵食されずに業務をこなせるかを気にしているかもしれません。フリーエージェントの人は、その業務を引き受けることで自分にどのようなスキルがつくかを考えるかもしれません。副業として参加している人は、その

業務に興味が持てるかを重視しているかもしれないのです。

多様な立場の人たちをまとめて1つの業務に取り組み、成果をあげるためには、上からの立場で指示を出すやり方は効果的ではなくなっていくのです。

早く解決策を決めて指示を出そうと考えるよりも、メンバーに共通の目的を持たせ、その目的のために進め方のルールを設定し、その中で各自のやりやすい方法を追求してもらう方がよいことが増えるでしょう。

たとえば、契約社員、フリーエージェント、副業の3人のメンバーとともに、何かのアプリを開発するとしましょう。

会社側は、アプリで実現したい機能とリリースしたい期限を決め、社員をリーダーとして、4人のチームに開発を任せます。しかし、リーダーとして関わる人は他の3人への指揮命令権があるわけではありません。

リーダーがすべての業務のやり方を決めて各自に分担を指示しても、メンバー間の協力も生まれませんし、よりよいものもできません。

むしろ、どんなアプリを作るとよいかを話し合って目的を共有し、アイデアを出してもらいながら進めた方が、メンバーのやる気や知恵を引き出すことができます。働く時間や各人の分担する部分、新たなアイデアの提案方法などは、メンバーに意見を聞きながら決めていくと、各自の関心事を活かしながら協力を引き出すことができます。

社内外のさまざまな人と仕事をしていくためには、組織の中での序列や正式な位置付けにかかわらず、目的を共有して、各人のやる気を引き出すリードの仕方を考えることが必要です。

相手が暗黙のルールや社内の仕事の進め方を共有していること
は期待できないのですから、一緒に目標を設定し、各人が従い
やすいルールを設定するところから始めなくてはなりません。

　関わる各人がリーダーとして仕事のよりよい進め方を考える
姿勢が必要なのです。

自分や周りの行動パターンを変える覚悟を持つ

　今後、多くの仕事が、さまざまな企業や多様な関係性の人々
との協力によって進めることになっていきます。この変化を前
向きに活かすためには、新たなやり方を自分自身で選択すると
いう覚悟が必要です。

　これまでの仕事の進め方への固定観念を捨て、ルールや行動
パターンを自分から新たに作り出すという気持ちがなければな
らないのです。

　既存のルールに従うよりも、新たなルールを考え出し、さま
ざまなメンバーとともに作っていくことを楽しむことが必要で
す。

CHAPTER

1
コンピュータ+
データ

2
戦略・
マーケティング

3
リーダーシップ・
組織

キーワード
企業"生態系"、ネットワーク、フリーエージェント、クラウドソーシング

信頼を積み重ねる

CHAPTER 3

 SKILL

18

ここでの学び

- **信頼**：これからの時代において人々を動かす力のベースになっていく
- **デジタルネイティブ**：1980年代以降の生まれの人たち。それまでの世代とはさまざまな点で異なるとされる
- **プロシューマー**：消費するだけではなく企業と積極的に関わることを志向する消費者
- **（ネット社会における）透明性**：ネット上での発言や行動が多くの人間にみられる状態になっていること。評判や信頼に結びつく

POINT

これからの時代に他者を動かす武器になるのが常日頃からの信頼である。ネット時代には思わぬところから信頼が崩れることがあるので、日頃から透明性に注意しつつコミュニケーションする必要がある。

「デジタルネイティブ」時代の特徴

ここまでに議論したことを踏まえ、スキル18では、基礎として必要とされる、1人の人間として信頼関係を積み重ねるということについて解説します。

組織の名前で相手を動かそうとするだけでは足りない時代には、他人を動かすことができる力のもとは、Win-Winの関係を作る工夫に加えて、皆さん個人への信頼に他なりません。

1980年代以降の生まれの人たちを「デジタルネイティブ」と呼ぶことがあります。これは、デジタル技術に青少年期から本格的に接している世代を指す言葉です。

日本でも、80年代半ばに生まれた世代は、インターネットが当たり前にある環境で育っています。

さらに携帯電話によるインターネット接続やブロードバンド接続による大量のデータや動画の送受信が当たり前になり、クラウドを利用する環境に慣れた1990年代半ば以降に生まれた世代を「ネオ・デジタルネイティブ」と呼ぶこともあります（木村忠正『デジタルネイティブの時代』平凡社新書、2012年）。

これらの世代の人は、インターネットでいくらでも情報が得られる環境やSNSで手軽に多くの人とコミュニケーションが取れる技術を当たり前として育ったために、それまでの世代とは別の行動様式を持っています。

情報リサーチに長け、選択や表現の自由に慣れており、誠実さやつながりを大切にし、一方で社会的信頼感は低いのです（ただし、同じ世代であってもさまざまです。厳密に世代の特徴と考えるよりも、情報環境を利用する人の特徴だと考えるとよいでしょう）。

特に信頼性が重視される

「デジタルネイティブ」時代の人たちは、モノやサービスを買ったり仕事を選んだりする際に、相手や企業の信頼性を選ぶ基準の1つにすることが多いといわれています。

たとえばウーバーは、ライドシェアの先駆けとして市場を開拓し大きく売上を伸ばしました。しかし、同社の元エンジニアが社内のセクハラ問題をブログに書いたり、CEOが運転手を罵倒する動画が流出したりしたことで企業文化の問題が取り沙汰されるようになってしまいました。

すると批判的なユーザーがアプリの削除を呼び掛ける「DeleteUberキャンペーン」が起こるなど、ウーバーを利用しない人が増え、ライバルであるリフト（Lyft）にユーザーが流出しました。これは、企業への信頼がないためによいサービスでも購買しないという特徴を表す1つの例です。

「デジタルネイティブ」のまた別の特徴として、情報が双方向に取れるはずであるからこそ、直接接した時には、大きな組織の名もない1人、多数の消費者の均一な1人として扱われるのではなく、独自の考えや好みを持った「個人」として対応されたいと望むということがあります。

スキル12で紹介した「ワン・トゥ・ワン・マーケティングの次元があがる」にも通じる話です。

また、「デジタルネイティブ」時代の顧客は、「プロシューマー」として関わることを喜ぶ人が多いそうです。「プロシューマー」は、「コンシューマー」＝消費者と「プロデューサー」＝生産者を合わせた造語で、製品の設計やサービスの開発に進

んで関わる消費者のことです。ある事柄について知見のある人として尊重され、意見やフィードバックを求められ、議論に加わり、アイデアを出すことを喜ぶのです。

さらに、「デジタルネイティブ」世代の人々は、オープンかつスピーディで、双方向のやり取りを好む一方で、提供された情報が間違っていてもそれほど怒らず、提供側が間違っていたら謝って責任を取るならその企業との付き合いを続ける傾向があります。

企業の対応に対する彼らの判断基準は「友達にも同じ態度を取るか」という点だといいます（ドン・タプスコット『デジタルネイティブが世界を変える』翔泳社、2009年）。

つねに相手を1人の人間だと考え、つながりを保とう

こうした人々の変化を踏まえた時、働く個人の立場からみるとどのようなスキルが必要になるでしょうか。

企業や従業員として誠実であること、顧客や仕事相手を独自の考えや好みを持った個人として扱うこと、双方向のコミュニケーションを続けること。これが、これから獲得する必要のある「信頼を得るスキル」だといえるでしょう。

消費者が企業や従業員の誠実さを問うのは、多くの情報の中でいい選択をしたいと思うがゆえです。

製品そのものの情報だけでなく、それを売る店舗や店員、メーカーについての情報も同じく重要視され、正直でない店や企業と付き合ったり製品を買ったりすることは好まれません。モノやサービスを売る人や作る企業を信頼するかどうかがビジネスの決め手になるのです。

同じように、顧客や仕事相手と接する時に相手を組織の一員とみなすだけでなく、相手個人をみてその考え方や好みを理解して応対することが、信頼を作ります。

組織と個人との関係は変わりつつあり、一緒に働く相手もこれまでとは違う組織に所属する、違う働き方をする人であるかもしれません。「××会社の人だから」「フリーランスの人だから」と属性で判断をするのではなく、個人の特性を見抜いて適切な対応をすることが求められます。

たとえば、仕事として必要なメールのやり取りの中で相手が気にしていた情報をちょっと付け加えて渡すだけでも、気になる事項を覚えていて知らせてくれた人への信頼は高まります。

さらに、一方的な連絡や発信を、なるべく双方向のものに変えてみると、個人と個人とのつながりは強くなります。先に、プロシューマーとして製品設計やサービス開発に携わることを好む人が増えていると書きました。

そうしたプロシューマーを企業として積極的に受け入れ、アイデアを貰うと同時に、自分も関わっている組織や製品、サービスに対してプロシューマー的にふるまうこともできます。

改善案を伝えたり、感想やとくに感謝したいことを挙げたりするだけでも、一方的な連絡を双方向のやり取りにすることができます。

デジタル情報は蓄積され、誰にでもみえてしまう

「デジタルネイティブ」時代の信頼の作り方を考えてきましたが、注意すべき点もあります。デジタル上に残した情報はずっと残ってしまい、思いがけないところでみられ、利用される可能性があるということです。

多くの人は、ますます長い時間インターネットをみて過ごすようになっています。ニュースを閲覧する媒体さえ、新聞やテレビといった昔からある媒体から、インターネットに移っています。若い世代ほど、インターネット上の情報を重視しているのです。

一方で、多くの人は、主にリアルの場での交流と同じように友人たちとつながるためにSNSなどのソーシャルメディアを利用しています。こうしたSNSでのやり取りは、本人たちにとっては特定の仲間に向けて特定の文脈の中で発信したものです。

口頭での会話とは異なり、ネット上のコミュニケーションには、デジタル技術による特徴があります。

コンテンツが半永久的に残るという持続性、当事者以外にもオーディエンスがいるという可視性、コンテンツが容易に共有されるという拡散性、外部の人が発言を探せるという検索可能性といった点です（ダナ・ボイド『つながりっぱなしの日常を生きる』草思社、2014年）。

これらによって、企業として誠実であろうとスピーディに共有した臨時の情報がずっと残っていたり、思わぬところで拡散されたりする可能性があります。

個人と個人のつながりを保とうと友人や知人向けに発信したSNSでの投稿が、思いがけず知人の知人に閲覧され、その人の誘いを断って出かけた個人的な旅行の予定がわかってしまった、といった例は身近にもあるのではないでしょうか。

このように、デジタル上での発言は、思いがけないところで思いがけない相手にみられてしまう可能性を排除できません。

とはいえ、インターネット上での発言をすべて止めるわけにもいきませんので、なるべく透明性を保つことが大切になります。とくに、影響力のある立場にいる場合には、**発言が思った以上に参照され、広まってしまうことがあると自覚し、透明性のあるコミュニケーションを心がけた方がよいでしょう。**

どのような自分を発信するか、自分で判断する

ここまでに紹介したことは、けっして新しい話ではなく、むしろ言い古された話にもみえます。

とはいえ、これまでの社会では組織の意図に隠れて個人の考えが問われなかった場面、個人の名前よりは会社の名前で仕事ができた場面で、今までよりも一人一人が可視化されるのは間違いありません。

そして、信頼を守るためには、透明性を保つこと、デジタル上の発信の特性を自覚することが必要です。

将来起こりうるリスクを考えて何も発信しなければ、個人と個人の関係が作れずに終わってしまいます。

その時々に自分が考えたことを発信し、さまざまな人にみられても困らないよう、誠実にコミュニケーションを続けるしかないでしょう。どのような自分を発信するか、その時々の自分で決めていきましょう。

CHAPTER

1 コンピュータ＋データ

2 戦略・マーケティング

3 リーダーシップ・組織

キーワード
デジタルネイティブ、プロシューマー、誠実さ、持続性、可視性、拡散性、検索可能性

グロースマインドセット

→ SKILL

19

ここでの学び

- **グロースマインドセット**：自分は成長していけると信じ、実行するマインドセット
- **バウンダリーレスキャリア**：1つの組織に閉じないキャリア
- **エクスプローラー**：新しい自己を探索する期間
- **ジョブ・クラフティング**：自分のやりたいことを仕事に組み込むこと

POINT

これからは、変化に対応し続けることと、そして個々のアイデンティティの確立が非常に大きな意味を持つ。常日頃から自分の価値観を検討したり、仕事の方法論も徐々に変えることで、変化＝成長を止めない生き方が求められる。「グロースマインドセット」を持つことがきわめて重要である。

変わり続ける覚悟を持とう

ここまで、これからの時代に必要となる人の動かし方や人との関わり方の変化をみてきました。最後に、自分とどう向き合うべきかを書いておきたいと思います。

結論からいえば、これからは自分を変え続けることに投資し、変化を繰り返すこと、そうした変化を主体的に選び取ることが大切になってきます。あなたが今何歳であっても、変わらないでいることは決してプラスに働かないのです。

日本人の平均寿命は男性80.75歳、女性は86.99歳で、過去最高を更新しています（厚生労働省、2017年3月発表）。ただし、この数字は「発表された年に誕生した人が平均何歳で死亡するか」という数字です。

30歳、40歳まで健康に生きた人の平均寿命はもっと長く、現在30歳の男性の平均余命は51.46年、女性の場合は57.51年、40歳の男性は41.80年、女性は47.73年です（厚生労働省「平成27年簡易生命表」2016年7月発表）。さらに、この数字には、医療技術の進歩は考慮されていません。

これまでのペースで医療技術が進歩を続ければ、寿命は政府の予測以上に延びていくでしょう。

これだけ長く生きる時代に、60歳で仕事をやめるのは果たして現実的でしょうか。22歳から60歳まで38年間働いたとして、その後30年近く、その期間に蓄えたお金と公的年金で十分に生活していけるのか、疑問を感じざるをえません。多くの人は、もっと長い間働くことになりそうです。

ベストセラー『ライフ・シフト』（東洋経済新報社）の著者

でロンドンビジネススクール教授のリンダ・グラットンは、今後の世代の多くは80歳程度まで働くことになるだろうと述べています。

当然、人に必要とされる知識やスキル、想定されるキャリアも大きく変わっていくと予想されます。あと50年経てば、本書執筆時点では想像もできないほど、仕事も働き方も変わっているでしょう。私たちは、世の中の変化に適応して、スキルを更新し続けなければならないのです。

グロースマインドセットを持つ

著書『マインドセット「やればできる！」の研究』（草思社）が評判となった心理学者のキャロル・ドゥエック博士は、自分は成長していけると信じる「グロースマインドセット」が新たに物事を成し遂げるために大切だとしています。

知力やリーダーシップなどは、生まれつきのものではなく、身につけることができると信じる人の方が、実際に成長できるのだそうです。

成長し、スキルを磨き、変わり続けると信じ、チャレンジし続けることが、これからもっとも大切になるでしょう。

さらに、本書でみてきたような変化はどんどん加速していきます。スキル14でみたようにAIが進化し、人が担うべき労働が変わっていけば、今あなたが担っている仕事は10年後には不要になるかもしれないのです。

技術の進化を考えても、私たちは新たなスキルを身につけ続けなければならないのです。

どんなスキルを身につけ、どんな仕事を担っていけばよいのか、会社に頼っていれば教えてくれる時代も変わろうとしてい

ます。会社がなくなったり、事業がなくなったり、合併や統合で方針が変わったりする可能性は、多くの人が感じているでしょう。

そして、大企業でも、従業員の「キャリア自立」をうたう会社が増えています。日本型の雇用システムでは、会社が従業員の配置や異動を決め、さまざまな部署をローテーションさせて育ててきました。

このような方針の中では、従業員が自身のキャリアを考える必要はなかったのです。ところが、従業員に「キャリア研修」を行う会社や、一定の年齢以降は希望退職を募ったり、独立を応援したりする会社が増えています。

「バウンダリーレスキャリア」、つまり境界のないキャリアとして、組織の中に閉じない将来を想定せよといわれるようになりました。会社の方から、会社に頼らずに稼ぐ力を磨くように促す時代になったのです。

新たなスキルに投資せよ

長い仕事期間を、技術やビジネスの変化の中で、**会社に頼らずに生き抜くためには、つねに「次の自分」のバージョンアップに時間を投資しておく必要があります。**

自分の持っているスキルを専門性や希少性を持つまでに高める、新たに必要とされるスキルを身につける、そして変わり続けるバイタリティを確保するために、時間を使うのです。

会社に頼らずに稼ぐ力を身につけるには、今の組織の外に出ても認められるようなスキルが必要です。

日本の大企業で育ってきたゼネラリストには、組織内の特定派閥での振る舞い方や社内の人脈、業界ならではのルールなど、

その企業でしか役に立たない企業特殊的なスキルを得意分野とする人もいます。

　これらはその企業では出世したとしても、労働市場で評価されるスキルとはいえません。

「部長」ではなく「新しいサービスを開発するさまざまな技術者やマーケターのチームをまとめることができる」、「営業」ではなく「無形のサービスを顧客企業のニーズに合わせてカスタマイズして提案することができる」と自分のスキルを定義し直し、そのスキルが他社でも必要とされるような専門性や、労働市場で高く評価されるような希少性を持つものかどうか考えてみるべきでしょう。

　もし自分の現在のスキルセットが今後も評価されるとは限らないとすれば、新たなスキルを身につけることが必要です。

　投資であると考えて、スキルを磨くことに時間とお金を使うべきです。

バイタリティを持って生きる

　そして、スキルを更新し続け、新たな仕事にチャレンジするには、バイタリティも必要です。新しいことに飛び込んでいく強さや、学び続ける柔軟さ、変化を楽しむ余裕がなければなりません。そのためには、ある程度の活力が必要です。

　活力を養う方法は人によって異なります。家で親しい人とゆっくりすることが必要な人もいれば、アウトドアを楽しむ人も、静かに音楽を楽しむ人もいるでしょう。何らかの方法で自分の活力を維持し、新しいことにチャレンジできる精神的、身体的な健康を確保するのです。

　こうしたチャレンジをするには、学校に入り直したり、転職

したりするのも1つの方法です。人生を長い目でとらえ、この1年は自己投資の期間とする、と決めて時間を投じるのもいいでしょう。

リンダ・グラットンは、今後の世代の人生にはキャリアを中断して新たな自己を探索する「エクスプローラー（探検者）」という期間が設けられるだろう、といっています。

エクスプローラーの期間は、いったん日々の生活と行動から離れ、自分について考え、新たな世界に関わって学んだり試したりする時期で、心身ともにリフレッシュする時期でもあります。長く働くためには、こうした選択と移行の期間が必要になるということです。

一方で、一気に方向転換せず、新たな道を少しずつ試してみるという方法もあります。

『ハーバード流 キャリア・チェンジ術』（翔泳社、2003年）という著書のあるフランスのビジネススクールINSEAD校教授のハーミニア・イバーラは、いきなりキャリアを転換するのではなく、試す期間を置くようにすすめています。

まずは、これはと思う仕事について話を聞けるような新しいネットワークを作り、自分が目指したいキャリアを歩んでいる人をみつけて話を聞くなどして、イメージを具体化するのです。

次に、週末や自由になる時間を使って少しそのキャリアに関わる仕事を手掛け、自分に合っているかどうかを試します。

そして、自分が何をしていきたいのかを考え、ストーリーを作り、語っては修正しながら、変化のきっかけを作るのです。このような取り組み方であれば、突然まったく違う仕事に転換して失敗するというリスクを取らずに自分を変えてみることができます。

対話を通して理解を深める

　自分を変えること、何度も新たなスキルを身につけ直すことには、自分でも、また周囲の人からも、抵抗がある可能性があります。せっかく今の仕事である程度成功しているのに新しい技能を学んだり、新しいネットワークに飛び込んだりするのは、時間の無駄のように思えるかもしれません。

　また、昔から自分を知っている友人や家族は、今までのイメージから「この人はこんな人」という像を作りあげており、新しいことをするのに賛成するよりは、安全地帯を出ることへの懸念を持つことの方が多いかもしれません。

　ヘッドハンターや転職相談会社に相談しても、たいていはこれまでのキャリアの延長線上にあるオプションが示されて、大きな変化や新しいスキルへのチャレンジはすすめられません。

　こうした抵抗を和らげ、自分の思考を進め、周囲の人にも理解してもらうことが必要です。

　前述のイバーラは、自分の「ワーキング・アイデンティティ」、つまり職業における自分について、出来事に自分なりの意味を付加しながらストーリーを作り、繰り返し語ってみて、自分がどのような人間になろうとしているのかというストーリーを作るようにとすすめています。変わらなければならない理由を説明するストーリーがないと、自分も、周囲も納得できないのです。

　また、イエール大学の組織行動の研究者、エイミー・レズネスキーは、現状の仕事を可視化して整理し、自分のやりたいことを織り込んで組み立て直すことをすすめています。

　今の仕事を辞めるのではなく、自分にとって意義が感じられ

るように整理し直すことで、自分が仕事をコントロールしているという感覚を取り戻すことができるのです。

このジョブ・クラフティングという方法では、まず現在の仕事を複数の業務に分け、各業務にかけている時間に比例した大きさの四角で書き表して、業務をマッピングします。

次に、自分の強み、やりたいこと、情熱などを書き出します。そして、それらを織り込めるように業務を圧縮したり、新たな業務を作ったりして、仕事を再整理します（「ジョブ・クラフティング法」ダイヤモンド・ハーバード・ビジネス・レビュー2011年3月号）。

その際、上司に相談するなどして、周囲の利益になるような目的設定とともに仕事を変えれば、スムーズに自らのやりたいことを織り込むことが可能になります。このマッピングの過程で、自分の現在の仕事を整理し、自分と対話して強みや動機をみつけ、周囲と対話してこれらを調和させることになります。対話の過程で自分の気持ちと周囲の利益を融合させるのです。

変わるのも、変えるのも自分自身

ここまで、寿命や仕事や会社の変化から、自分の変革が必要になることをみてきました。環境に流されて変わっていくのではなく、環境変化を読み取って自分から変化を仕掛けていけば、主体的に、自分の望む方向で変化を起こしていくこともできます。

自分で考え、自分から変化を起こせるか。これからの時代に一番必要なスキルは、「グロースマインドセット」を持つこと、主体的に自己変革する力なのではないでしょうか。

キーワード

グロースマインドセット、バウンダリーレスキャリア、エクスプローラー、
ワーキング・アイデンティティ、ジョブ・クラフティング

現在の制約を脇に置いて、一段上、一歩先を考える

本章の冒頭では、ビジョンを思い描くことや課題設定について述べました。こうした力を身につけるには、今の自分より一段上、一歩先を考え、行動を変えてみることが大切です。

いきなり「スティーブ・ジョブズを超えて新たなIT機器を流行らせよう」と思う必要はなく、まったく新しい未来を思いつかなくとも、今の立場やできることの制約にとらわれずにやったらよいことを想像してみればよいのです。

課題設定をするにも、自分の置かれた環境や感じる課題を一段上の目線で考え、少し広い課題としてとらえるようにしてみるといいでしょう。

さまざまな人と協働するために、まずその人の話を聞く

さまざまな立場の人をまとめたり、人から信頼されたりといった対人関係のスキルをつけるためには、まずは人の話を傾聴することが必要です。拙速に判断せずによく聞くこと、そして自分の考えを伝えるコミュニケーションを怠らないことが大切です。

自分と異なる文化で育った人や、まったく知らない職種の人、企業文化や社内のルールを共有していない人とともに働く機会が、これからますます増えていくでしょう。

自分が嬉しいことは相手も嬉しいと勝手に仮定せず、率直にまずは聞いてみることが必要です。聞く時にはすぐに善し悪しを判断せず、相手の観点やいいたいことがわかるまで、質問しながら聞き続けましょう。相手の気持ちがわからないと思う時には、率直にそう伝えて聞いてみましょう。

グロースマインドセットを持つ

最後にもう1つ大切なのは、自分が成長し続け、自己確信し続けられるようになるために、「まずはやってみよう」と思える「グロースマインドセット」を持つことです。

これは、自分の力は努力次第で伸ばすことができると考え、失敗を恐れずに挑戦していくマインドセットです。

逆に、失敗して無能だと思われることを恐れ、自分が得意なことの上手さを証明し続けようとする人は「硬直マインドセット」の持ち主です。このような人は、自分の能力は変わらないと考え、それを発揮し続けようとしているのです。

これからの時代に変化を生き抜くためには、能力を伸ばし続けることが必要です。今得意なことがある人も、十分評価されている人も、さらに新たな能力を身につけ、変わっていくことを楽しむマインドセットが大切です。

おわりに

　これからもテクノロジーは進化していくでしょう。そうした時代に、「テクノロジー食わず嫌い」では時代に置いていかれるだけです。

　グロービスでは、MBAも進化し続けなくてはならないという意図から、2016年より「テクノベート」（テクノロジー＋イノベートの意）という新しい科目領域を設けました。

　そして、テクノロジー時代に合わせた「テクノベートMBA」というポジショニングに舵を切っています。2018年4月現在、テクノベート科目には以下のようなものがあります。

・テクノベート・シンキング
・テクノベート・ストラテジー
（以下、特別講座。その他にも随時開講される科目多数）
・ソーシャルメディア・コミュニケーション
・デザイン思考と体験価値
・テクノベート概論

　本書は、これらの科目の内容から、ビジネスパーソンにとくにマストなエッセンスを抜き出したものです。

　これらの知識を抜きにしてこれからの時代、新しい価値を生み出すのが難しくなることは、本書をご一読いただいた方ならおわかりいただけたはずです。

　多くのビジネスパーソンにテクノロジーへの関心やそれを学ぶ意欲を喚起し、日本のビジネスにもいい影響を与えるきっかけとなれば、執筆者一同これに勝る幸せはありません。

グロービス経営大学院　執筆者一同

キーワード一覧

A-Z

AI（人工知能） ··············109
AR ·····························109
Case Coverage ·············51
CRM ···························169
DMP ···························169
HiPPO ·························211
IoT（モノのインターネット） ·······109
KPI ·····························179
MOT ··························169
MR ·····························109
SD（標準偏差、σ） ···········85
SFA ····························169
VR ·····························109

ア行

アルゴリズム ·················39
エクスプローラー ············235
エコシステム ·················135
オープンな心の持ち方 ·······211

カ行

回帰分析 ·····················85
課金ユーザーグループ ·······135
拡散性 ························227
可視性 ························227
カスタマー・ジャーニー ·······169
カスタマー・ジャーニー・マップ
······························169,179
課題設定 ·····················195
関数 ··························51
機械学習 ·····················95
企業"生態系" ···············219
偶発的消費行動 ···············157

クラウドソーシング ···········219
グラフ ························61
クリエイティビティ ············195
グロースマインドセット ·······235
計算量 ························39
決定係数 ·····················85
検索可能性 ···················227
行動データ ···················123

サ行

散布図 ························85
持続性 ························227
実装 ··························71
重回帰分析 ···················85
仕様 ··························71
条件分岐 ·····················51
ジョブ・クラフティング ·······235
自律的消費行動 ···············157
人工知能（AI） ···············109
推測統計 ·····················95
3SO ··························157
3V ···························95
誠実さ ························227
セカンド・ステージ ···········109
ソースコード ·················51

タ行

体験 ··························145
タッチポイント ···············179
他律的消費行動 ···············157
ツリー ························61
ディープラーニング ··········109
ディベロッパー ···············71
データ化 ·····················95
データ構造 ···················61

データ資産 ……………………145
データ・ドリブン・マーケティング
　　……………………………169
テクノベート・シンキング …………39
デジタル・トランスフォーメーション
　　……………………………157
デジタルネイティブ ……………227
トライ・アンド・エラーを楽しむ
　　マインドセット ……………203

ナ行

ニッチ顧客 ………………………145
ネットワーク ……………………219
ネットワークの経済性 …………135

ハ行

配列 …………………………………61
バウンダリーレスキャリア …………235
バグ …………………………………51
発見 …………………………………95
反復 …………………………………51
ビジョン …………………………203
表形式 ………………………………61
標準偏差（SD、σ）………………85
フォロワー（フォロワーシップ）……211
プラットフォーム ………………135
ブランド戦略 ……………………179
フリーエージェント ……………219
フローチャート ……………………51
プログラミング言語 ………………51
プログラム …………………………39
プロジェクトマネジメント …………71
プロシューマー …………………227
平均 …………………………………85
ペルソナ …………………………179

マ行

マーケティング・オートメーション
　　……………………………123
マルチサイド・プラットフォーム
　　……………………………135
モノのインターネット（IoT）………109
問題解決 …………………………195
問題解決のブラックボックス化
　　……………………………195

ヤ行

優遇ユーザーグループ …………135
要件定義 …………………………71
予測 …………………………………95

ラ行

リスト ………………………………61
レイヤー（化）……………………135
ロボティクス ……………………109

ワ行

ワーキング・アイデンティティ
　　……………………………235
ワン・トゥ・ワン・マーケティング
　　……………………………169

【著】

グロービス経営大学院

社会に創造と変革をもたらすビジネスリーダーを育成する
とともに、グロービスの各活動を通じて蓄積した知見に基
づいた、実践的な経営ノウハウの研究・開発・発信を行っ
ている。

・日本語（東京、大阪、名古屋、仙台、福岡、オンライン）
・英語（東京、オンライン）

グロービスには以下の事業がある。（http://www.globis.co.jp）

・グロービス・マネジメント・スクール
・グロービス・コーポレート・エデュケーション
　（法人向け人材育成サービス／日本・上海・シンガポール・
　タイ）
・グロービス・キャピタル・パートナーズ
　（ベンチャーキャピタル事業）
・グロービス出版（出版／電子出版事業）
・GLOBIS知見録／GLOBIS Insights
　（オウンドメディア、スマホアプリ）

その他の事業
・一般社団法人G1（カンファレンス運営）
・一般財団法人KIBOW（震災復興支援活動、
　社会的インパクト投資）

【執筆】

内山英俊（うちやま・ひでとし）

株式会社 unerry 代表取締役 CEO。ミシガン大学大学院コンピュータサイエンス修士（MS）。

米国でモバイル関連企業を設立後、プライスウォーターハウスクーパース、A.T.カーニーにてハイテク・金融業界の新規事業立案・企業再生コンサルティングを実施。サイバードにてモバイルコンテンツ事業部部長を務めた後、2008 年に株式会社 ANALOG TWELVE を設立し、携帯キャリア・ブランド企業などと O2O/オムニチャネル市場を牽引して各種アワードを受賞。2015 年に unerry を設立し、IoT/GPS を利用したオフライン行動プラットフォームを開発後、2 年で世界最大級に成長させる。共著書に『スッキリと「考える」技術』（ファーストプレス）。

梶井麻未（かじい・まみ）

グロービス経営大学院教員。プライスウォーターハウスクーパースにて主にハイテク・自動車業界のコンサルティングを実施。グロービス入社後は法人部門にて IT 企業などの人材育成・組織開発のコンサルティングに従事。現在は、ファカルティ本部の主任研究員として、主にテクノベート領域や経営戦略領域の研究・コース開発を担当。共著書に『グロービス MBA マネジメント・ブック II』（ダイヤモンド社）。

川上慎市郎（かわかみ・しんいちろう）

グロービス経営大学院教員。早稲田大学政治経済学部卒業後、日経ビジネス誌記者、日本経済研究センター研究員を経て、グロービスに入社。マーケティング・経営戦略・ファイナンス・アントレプレナーシップのケース、テキストを多数執筆し、2009 年より現職。共著書に『プラットフォーム ブランディング』（SB クリエイティブ）など。

君島朋子（きみじま・ともこ）

グロービス経営大学院教員。国際基督教大学卒業、東京大学大学院修了、法政大学大学院修了。マッキンゼー・アンド・カンパニーにてコンサルティングに従事。その後グロービスに参画し、プログラム開発統括、法人部門ディレクターを経て、現在ファカルティ本部長。主に人材マネジメントと女性の活躍推進についての研究開発に携わる。

鈴木健一（すずき・けんいち）

グロービス経営大学院教員。グロービス AI 経営教育研究所（GAiMERi）所長。東京大学工学部卒業、同大学大学院工学系研究科修了、シカゴ大学ブースビジネススクール修了（MBA）。

野村総合研究所、A.T.カーニーを経てグロービスへ。2006 年のグロービス経営大学院の建学に参画し、2015 年度まで大学院事務局長として運営に携わる。教員として「ビジネス定量分析」をはじめとする科目を担当する他、AI の経営教育への応用に取組中。著書に『定量分析の教科書』、共著書に『27 歳からの MBA　グロービス流ビジネス基礎力 10』（いずれも東洋経済新報社）がある。

武井涼子（たけい・りょうこ）

グロービス経営大学院教員。東京大学卒業、コロンビア大学 MBA。電通、事業会社の経営企画リーダー、マッキンゼー・アンド・カンパニー、ウォルト・ディズニーでのマーケティングと事業開発などを経て、グロービスに参画。二期会の声楽家として国内外のオペラなどでも活躍。その活動は、Forbes JAPAN などに取り上げられている。著書に『ここからはじめる実践マーケティング入門』（ディスカヴァー・トゥエンティワン）。

【構成・執筆】

嶋田毅（しまだ・つよし）

グロービス経営大学院教員。グロービス出版局長。東京大学理学部卒業、同大学大学院理学系研究科修士課程修了。戦略系コンサルティングファーム、外資系メーカーを経てグロービスに入社。著書に『MBA 100 の基本』『MBA 生産性をあげる 100 の基本』（いずれも東洋経済新報社）など多数。